法商智慧丛书

家族信托99问

年青 农帮靠 著

清华大学出版社
北京

图书在版编目 (CIP) 数据

家族信托 99 问 / 年青，农帮靠著 . —北京：清华大学出版社，2023.10
（法商智慧丛书）
ISBN 978-7-302-64706-5

Ⅰ . ①家… Ⅱ . ①年… ②农… Ⅲ . ①家族－私营企业－信托投资－中国－问题解答 Ⅳ . ① F832.49-44

中国国家版本馆 CIP 数据核字 (2023) 第 183531 号

责任编辑：朱玉霞
封面设计：徐 超
版式设计：方加青
责任校对：王荣静
责任印制：沈 露

出版发行：清华大学出版社
　　　　网　　　址：http://www.tup.com.cn, http://www.wqbook.com
　　　　地　　　址：北京清华大学学研大厦 A 座　　　邮　　编：100084
　　　　社 总 机：010-83470000　　　　　　　　邮　　购：010-62786544
　　　　投稿与读者服务：010-62776969，c-service@tup.tsinghua.edu.cn
　　　　质 量 反 馈：010-62772015，zhiliang@tup.tsinghua.edu.cn
印 装 者：三河市天利华印刷装订有限公司
经　　销：全国新华书店
开　　本：155mm×230mm　　　印　　张：14.25　　字　　数：208 千字
版　　次：2023 年 10 月第 1 版　　印　　次：2023 年 10 月第 1 次印刷
定　　价：79.00 元

产品编号：104100-01

田思源：法律打败焦虑

企业家近几年的日子不好过。

三年疫情，全球经济遭受重创。我国在后疫情时代虽然迎来了短暂的经济回暖，但是很快就显现出某种程度的市场疲软。经济有周期性，我们不得不承认，今天的中国面临着严峻的局面。

恒大、碧桂园、中植系，这些行业巨头在国家大力救市的环境下还是困难重重；小企业生存更加艰难，据发改委统计2023上半年关闭企业46万家；商业银行集体持续下调存款利率，中国已经进入"低利率时代"；金税四期开发完毕随时可以投入使用，标志着国家收紧"税务口"；中央多次释放信息，让我们推测"富人税"可能即将到来；中国法治建设进入新阶段，对企业家守法合规经营提出更高要求；离婚率居高不下，企业家面临财富被分割的风险；财多子众，一代企业家普遍到了家业与企业双传承的年纪，如何规划财富迫在眉睫……这一切在经济下行的今天迎面呼啸而来，企业家能不焦虑吗？

面对焦虑，企业家该如何"自救"？让上帝的归上帝，让恺撒的归恺撒。

面对市场疲软、利率持续走低、投资渠道变少、经济进入慢行道的现实，企业家要及时调整经营思路，应对市场变化；与此同时，企业家亦应当意识到，在当下风高浪急的市场环境中，要充分运用法律工具进行自我保护，守护、传承好企业和家业。

法治社会的到来，要求企业家必须知法懂法。知法才能守法，懂法才能用法。

2021 年正式实施的《民法典》是中国法治建设的一个重要里程碑。《民法典》更加注重保护公民私人财富与维护公民财产权利；注重市场经济中交易的公平与秩序；注重家庭维稳、家风传承及对妇女儿童的保护。对企业家而言，《民法典》既是守护私人财富的重要宝典，也是规范经营行为、家庭活动的头顶金箍。

法商智慧丛书，正是从中国企业家角度出发，筛选出与家庭、企业密切相关的重点法律知识进行讲解，以案例为切入点，为各位企业家朋友提示风险雷区，并提出法律建议，以期为其私人财富管理提供全方位的法律支持。

企业家的焦虑，源自缺乏安全感。研读法商智慧丛书，用法律打败焦虑，守护幸福人生。

周思源

清华大学法学院教授、博士生导师
中国法学会法律咨询中心专家委员会委员

林健武：长期主义

改革开放以来，我国经济高速发展。我们只用了四十多年就走过了西方几百年才走完的创富之路。中国已成为世界第二大经济体，2023年胡润全球富豪榜显示，中国拥有亿万富豪的人数居全球第一。

中国人勤劳、有智慧、肯吃苦、爱打拼，第一代企业家创造了巨额财富。但是，由于缺乏守富、传富的理念和经验，在现实中出现了大量企业虎头蛇尾、雪泥鸿爪，无以为继的现象。据统计，中国民营企业的平均寿命只有 3.7 年，而邻国日本百年老店比比皆是，甚至有些企业千年不衰。"追求企业历久弥新，避免家族富不过三代"，这是中国企业家需要深刻思考的问题。

创造财富固然重要，但守富、传富更加重要。不懂守富，创造再多财富都是过眼云烟；不懂传富，奋斗一生打下的财富江山亦是昙花一现。一代企业家践行"创富—守富—传富"经营理念并传承给二代，二代谨记遵循并继续向下传承，如此代代相传，才能推动事业发展壮大、财富持续积累。

2022 年《胡润财富报告》提示了两个重要信息：一是中国可支配资产达到 600 万元的富裕家庭已达到了 518 万户；二是未来二十年将有51 万亿元的财富面临传承。所以，未来高净值人群守富、传富的现实需求越发迫切，与之相对应的法律、税务及金融知识正是刚需。

鉴于此，清华大学出版社和法商智慧教育研究院精心策划了"法商智慧丛书"。丛书专注于挖掘以企业家为主要群体的高净值人群在财富管理与传承中存在的各种风险，并提出守护家族财富的最佳方案。该丛书的作者都是活跃在财富管理领域的执业律师、法学教授、金融教授、财税专家，拥有丰富的企业合规、尽职调查、合同审拟、税务筹划、传承规划、诉讼执行等实操经验。他们以敏锐的职业嗅觉，迅速捕捉财富管理领域的最新资讯，将法律与国家政策相结合，致力于为高净值人士提供从创富到守富、传富各阶段的风险规避及解决方案。

授人以鱼不如授人以渔。企业家肩负的绝非仅是其个人和家族的荣耀，更是民族使命。真心希望丛书能够启迪中国企业家秉持长期主义的经营思想，让中国拥有越来越多的百年老店、国际品牌；让中国的企业亦能固若金汤，傲立于世界之林！

清华大学经济管理学院金融系副教授
深圳市孔雀计划专家和市政府财经决策咨询委员会专家
国际金融工程师协会（IAFE）风险管理委员会委员

财富有价，传承有道

　　改革开放四十多年来，我国社会经济高速发展，财富积累快速提升，家族企业和高净值人群的数量和规模迅速增长。在此背景下，家庭财富的保全与有效传承已成为人民追求美好生活的重要组成部分。而在诸多财富保全与传承方式中，家族信托正以其独特的魅力受到了越来越多的客户的青睐。相较于其他财富传承工具，家族信托在财富传承的灵活性、资产隔离的安全性和信息保密的严格性等方面具有不可替代的独特优势。

　　2012 年被称为我国家族信托产业的元年。经过十年的发展，我国的家族信托产业已华丽蜕变，正在以数字科技为导向、以家企治理为驱动、以共同富裕为目标，朝着可持续发展的方向大步前行。尽管我国家族信托产业在过去十年实现了迅猛发展，但对于普通大众而言，作为舶来品的新兴财富管理工具，它依旧充满着诸多神秘色彩。近年来，我们在提供私人财富管理和传承的法律服务过程中，深刻感受到了广大客户对于揭开家族信托神秘面纱的渴望，也有很多客户向我们直接表达了他们希望能够更直观地了解家族信托，例如通过一本通俗易懂的书轻松地走进家族信托。而纵观目前的书市，关于家族信托的书籍大多以专业人士为受众进行编写，缺少站在普通大众视角系统介绍家族信托的作品。于是，本书便应运而生。和其他家族信托类书籍相比，本书存在以下三个特点：

一、顺社会发展时代之洪流

私人财富快速增长导致财富管理需求旺盛。根据招商银行与贝恩公司联合发布的《2021 中国私人财富报告》显示，2020 年中国个人可投资资产总规模达 241 万亿人民币，其中可投资资产在 1000 万人民币以上的中国高净值人群数量达 262 万人，2018—2020 年年均复合增长率为 15%。

人口老龄化加速财富传承需求。当前，极低的生育率进一步加快了我国老龄化的进程。据测算，2035 年我国 65 岁及以上老年人口占比将超过 20%，由此进入重度老龄化社会。在人口老龄化趋势的助推下，财富也正迅速向老年客群聚集。尤其是改革开放后富起来的"创一代"们，目前都不同程度地面临着守富和传富的财富管理需求，实现财富传承和企业换代已成为他们的人生夙愿，也是他们所必须面对的人生命题。

相关政策法规出台预示家族信托将向上生长、向善发展。共同富裕政策提出构建初次分配、再分配、三次分配协调配套的基础性制度安排。鼓励民众通过公益、慈善捐赠的方式发挥第三次分配在共同富裕中的推动作用。而大多数家族信托都有公益慈善的约定，是第三次分配的重要抓手。二十大报告首次提出了"规范财富积累机制"，这预示着未来在关注财富分配问题的基础上，强调了财富的积累和保护应当通过合理、合法的机制，认可了财富积累机制存在的必要性。自 2014 年起，国家开始逐步释放家族信托的政策红利，尤其是 2022 年 10 月，中国银保监会陆续向信托公司下发的《关于调整信托公司信托业务分类有关事项的通知》中对家庭服务信托的确立，更是标志着高质量金融服务正由高净值人群向广大富裕人群扩展普及。

二、解客户财富管理之需求

如上所述，家族信托已成为当下最受关注的财富保全与财富传承工具之一。那么家族信托到底是什么？为什么要设立家族信托？如何设立家族信托？以及哪些人群适合设立家族信托……对于这些客户最关心的问题，我们进行了归纳总结，并采用"问答＋案例"的形式予以解答和展示。

本书共分六篇，前三篇依次为概论篇、功能篇和设立篇。分别介绍了家族信托的常识性问题，家族信托所具有的"财富传承""风险隔离""资产保护""资产配置"等特有功能，以及家族信托设立的流程和注意事项。以前三篇内容为基础，第四篇介绍了财富管理新宠儿——保险金信托。第五篇介绍了财富管理新潮儿——慈善信托。第六篇则为案例篇，我们选取了服务客户的十余个案例，让读者更直观地了解哪些人群适合设立家族信托，以帮助读者更好地理解和运用前五章所介绍的理论知识。

我们试图用最通俗的表述、最生动的案例帮助客户真正地了解家族信托，感受家庭信托，选择家族信托。

三、汇自身实战经验之所修

我们团队伴随着家族信托的兴起，一直致力于为广大客户提供私人财富管理和传承法律服务。累计为上万名客户提供了专业的、有温度的法律服务，同时也积累了丰富的实战经验。本书既是我们对服务过的客户所关心问题的一个回应，更是我们对多年来工作的一个回顾和总结。

事物总是向前发展的，书的内容也需要与时俱进，持续更新。如果您在阅读过程中发现本书存在不足之处，我们真诚地希望能得到您的批评和指正，您的宝贵建议将是我们努力的不竭动力。

本书之所以取名为《家族信托 99 问》，既是我们对广大客户所关注热点问题的归纳提炼，更是我们对所有客户在财富管理和传承过程中的一种美好祝愿。"九"字在我国有祥瑞之意，有九天揽月之豪迈、九转功成之不怠，更有地久天长之大爱，久安长治之盛态。在此，愿您家业久安，财富久传！

年青　农帮靠

2023 年 7 月

目录

一、概念篇　信托的前世今生

二、功能篇　家族信托有什么功能

三、设立篇　家族信托如何设立

四、财富管理新宠儿　保险金信托

五、财富管理新潮儿　慈善信托

六、案例篇　哪位更像你

附录　家族信托合同常用附表参考

一、概念篇

信托的前世今生

1. 信托是什么？

从字面含义来理解，顾名思义，信托指的是信任托付。

从法律角度来理解，2001 年颁布的《中华人民共和国信托法》（以下简称《信托法》）第 2 条明确对信托下了定义："本法所称信托，是指委托人基于对受托人的信任，将其财产权委托给受托人，由受托人按委托人的意愿以自己的名义，为受益人的利益或者特定目的，进行管理或者处分的行为。"

具体而言，信托即委托人把财产交付给受托人，受托人按照委托人的意愿，为受益人的利益或者按照特定目的以受托人的名义来管理、处分信托财产的行为。信托的主体有委托人、受托人和受益人三方，通过一份信托合同，约定各方权利义务，使信托财产及信托利益得到确定性的安排。为了更加深入理解这个定义，我们将从以下几个维度进一步分析：

第一个维度，信托以信任为基础。

从本质上说，信托是以信任关系为基础才得以设立并延续的法律行为。这里的"信任"有两层含义，一是委托人对受托人的信任，即委托人信任受托人有能力管理好托付的信托财产，并遵守约定的承诺。二是委托人对法律的信任，即委托人信任《信托法》及相关法律法规能够提供强有力的法律保障，让自己的意愿和权利能够实现。其实，委托人对受托人和法律的信任本质上是对国家的信任，信任强大的祖国能够给予自己强有力的法律保障。

第二个维度，信托以财产所有权转移为前提。

在设立信托时，委托人需要把信托财产的所有权转移给受托人。通过财产权的转移，实现财产的所有权、控制权及受益权相互分离。在信托法律关系中，所有权、控制权及受益权是相互分离与制衡的。

信托的核心是财产权利的转移，把所有权转移出去，通过合同约定来保障委托人对财富的部分控制权，最终让受益人享有受益权，这就是信托的魅力，控制财富却不拥有财富。"看似我一无所有，其实我富甲天下。"通过让财产的所有权、控制权、受益权相互分离，从而保障财产的安全稳定和实现财产的有效传承。

第三个维度，信托以最大限度实现委托人合法意愿为目的。

信托的发起设立以委托人的合法意愿为必要条件。不同的委托人设立信托的目的不尽相同，有的委托人希望通过信托来实现财富的保值增值；有的委托人希望通过信托来实现财富的风险隔离；有的委托人希望通过信托来实现财富的有效传承。只要委托人的意愿合法，受托人的行为就必须要围绕委托人的意愿来展开，最大限度地实现委托人的意愿。

综上，信托是一种以信任为基础，以信托财产所有权转移为前提，以最大限度实现委托人合法意愿为目的的法律行为。

2. 为什么说古代信托起源于罗马？

西方谚语"条条大路通罗马"，现用来形容做成事情的方法不止一种，人生的道路也不止一条。其实，这句谚语的本意并非如此，它原本是用来形容古罗马时期罗马经济异常繁荣的景象。

在公元前 1 世纪，罗马一跃成为地跨欧亚非三洲的罗马帝国，而罗马城是其政治、经济和文化的中心，交通四通八达。据说当时从意大利半岛乃至欧洲的任何一条大道出发，只要不停地走，最终都能抵达罗马，由此便有了"条条大路通罗马"的说法。

交通的便利、经济的发达吸引了大量外地人涌进罗马城，城内人口骤增。但当时的《罗马市民法》将生活在罗马的人划分为三六九等，比如罗马市民、拉丁人、归降人（打败仗投降的人）、外国人、奴隶等；同时也规定了只有罗马市民才享有完整的市民权，比如只有罗马市民才享有继承权，非罗马市民不享有。这样的法律规定令非罗马市民头痛不已，尤其是在罗马拥有大量财产的外地商人，在他们去世之后家人不能继承遗产，这无疑是给他们抛出了巨大的难题。对此有人想到了一个破解之法——把自己在罗马的财产委托给自己信任的罗马市民朋友，由朋友对财产进行管理和处分，而利益归属自己的家人，从而实现遗产的继承。

此方法后来衍变成西方古老的遗产信托制度，成为了世界公认的信托雏形。

中国古代最著名的信托典故——三国时期刘备"白帝城托孤"

《三国志》记载,刘备率军讨伐东吴大败,退到白帝城后一病不起。公元223年,刘备知道自己大限将至,把诸葛亮和尚书令李严请到床前托付后事。刘备嘱托诸葛亮:"君才十倍曹丕,必能安国,终定大事。若嗣子可辅,辅之;如其不才,君可自取。"诸葛亮回道:"臣怎敢不竭股肱之力,效忠贞之节,继之以死!"即刘备把蜀国江山托付给诸葛亮,由诸葛亮辅佐刘禅继位,并表示刘禅不才他可以取而代之。诸葛亮感激涕零地表示一定全力辅佐太子,鞠躬尽瘁,死而后已,这就是中国古代信托的典故。用现代信托制度来分析,信托委托人为刘备,受托人为诸葛亮,信托财产为蜀国江山,信托目的是把蜀国发展壮大、一统天下,受益人则是刘备的儿子刘禅。此外还设立了信托监察人—尚书令李严,专门来监督诸葛亮的。

类似的典故还有很多,由此更是在中国历史上留下了"一诺千金""人无信,则无立""三省吾身,为人谋而不忠乎,与朋友交而不信乎"等千古绝句,这就是中华民族的优良传统美德——忠实、诚信。这恰好与信托文化的价值理念一脉相通,为现代信托在我国的快速发展培育了深厚的文化土壤。

通过以上内容,我们会发现,无论是中国还是西方国家,早在古时候就存在信托行为。但古代信托往往是基于道义,不以营利为目的,本质上是一种信任托付,没有相应的制度来进行约束和保障。一旦受托人不履行受托义务,受益人的权益难以得到救济。

3. 为什么说近代信托诞生于英国？

近代信托诞生于英国的用益制度，这与当时的政治、经济及宗教等背景有关。其中有两个制度催生和发展了用益制度。

长子继承制

长子继承制指的是只有成年长子才享有法定的土地继承权。封建时期的英格兰，土地的最高领主是国王，国王把一部分土地分封给大臣，大臣又将土地分封给更小的臣子，层层分封后土地最终到了农民的手里。这些封臣叫作土地的领主，领主对分封出去的土地享有部分附属权利。例如，当土地使用权发生继承的时候，农民需要向领主缴纳土地继承金。如果一个农民膝下无子，那他所持有的土地就会被领主收回。对于农民来说，既希望自己走后其子女能够继承土地，并避免巨额的土地继承金，又希望其他没有继承权的家人也能得到生活保障。他们迫切需要一种机制来解决这些难题。万幸的是当时的英国法律规定，土地持有者可以自由转让所持有的土地，他们从中找到了变通的方法。比如约翰在活着的时候，把土地转让给威廉经营管理，获得的收益归约翰本人所有；约翰死后，这个利益由约翰指定的继承人享有。由于土地转让之后不再属于原转让者所有，不列入其遗产范围。通过把土地所有权转移给他人，自己保留受益权（即用益），使得土地不受领主附属权利的约束，用益制度由此应运而生。这样的做法既规避了长子继承制的规定，又不用缴纳土地继承金，同时还能为其他子女和亲人的生活提供物质保障。

没收条例

13 世纪的英国人普遍信奉宗教，受教会"活着要多捐献，死后才可以升入天堂"的精神熏陶，教徒们会把身后留下的土地捐献给教会。而教会对土地和动产享有的权利不受政府的约束，永久免税，并且教会不会"死亡"。从某种意义上说，教会可以永久地占有土地，而随着其持有的土地越来越多，必然导致国王的利益受到损害。为了扭转这一局面，英王亨利三世在 13 世纪末颁布了《没收条例》，规定土地转让给教会必须经过国王的许可，否则一律没收归国王所有。这个制度引起了很多教徒的不满，为了应对《没收条例》，教徒们利用用益设计使教会成为土地的受益人。用益设计的大致内容为：凡要将土地捐献给教会者，不直接让渡，而是先赠送给第三人，第三人就被称为用益人，用益人再把从土地上取得的收益转交给教会。这种做法虽然不能让教会获得土地，但却能使教会获得该土地产生的全部利益，而且也不违背国王的法令，巧妙地规避了《没收条例》。这使得用益制度得到快速的普及和发展。

通过以上两个制度的背景介绍，不难发现，无论是教徒还是农民都需要用益制度来保障自己的土地利益。除此之外，还有一类人——战场上的士兵，他们也极大地推动了用益制度的发展。13 世纪后的英国发动了多次十字军东征，战场上生死难料，参加东征的地主或骑士担心自己的家人得不到照顾，就把土地转让给亲戚或朋友经营管理，并嘱咐朋友用土地的收益保障自己家人的生活需要。如果自己平安归来，亲戚朋友需要归还土地；如果自己回不来，则按约定继续把土地收益给到家人。

然而，随着用益制度的广泛施行，导致了国王和贵族从土地上获得的收入大大减少，对此他们极力反对用益制度。另外，有人利用用益制度来逃避债务或者受托人欺骗委托人和受益人的情况时有发生。为了解决用益制度带来的种种问题，英王亨利八世于 1535 年制定了《用益法》。但是，在《用益法》推行过程中，人们发现它存在很多疏漏。比如《用益法》只适用于土地用益，而不适用于动产和准不动产用益；又如土地转让之后再次转让，在第一层用益又进行的"多层嵌套"，《用益法》对此并没有规定。

随着封建体制的瓦解，到了 17 世纪，大法官开始承认动产和准不动产用益，并以"信托"的名义对其加以保护。16 世纪 30 年代，著名的塞班奇诉达斯顿案对于推动信托发展具有重大意义。1627 年，玛格丽与普雷斯于婚后将玛格丽父亲赠与的土地，以达斯顿为受托人设立"用益"，保障夫妻双方的用益（第一层用益）、普雷斯养子的用益（第二层用益）。后普雷斯病故，玛格丽改嫁塞班奇，二人要求达斯顿返还全部土地。最终法院判决归还土地，但保留了剩余土地用益权人养子的权利。这一判例中，大法官确认了第二层用益中用益权人养子的合法权益，并通过赋予该用益权人强制执行请求权来保护自己的合法利益，它将衡平法对用益权的保护扩展到了第二层用益权。为了与第一层用益（Uses）相区别，衡平法将第二层用益称为"信托"（Trust），此后更是将所有不受当时用益权法保护的"用益设计"统称为"信托"。塞班奇诉达斯顿案的判决标志着法律意义上的近代信托从英国的用益制度中剥离，走上了独立发展的道路。

人类社会在发展过程中因财产继承引发了诸多难题，为了解决这些难题，信托雏形得以出现，并在冲击中得到进一步的发展。英国用益制度对近代信托的创立和发展作出了重大的贡献。正如英国法学家梅特兰的评价："如果有人要问，英国人在法学领域取得的最伟大、最杰出的成就是什么，那就是历经数百年发展起来的信托概念。"

4. 为什么说现代信托成熟于美国？

纵观美国的发展历史，我们会发现美国人非常擅长站在别人的肩膀上"模仿加创新"。正因如此，美国从民事信托中创造性地发明了金融信托，使信托在美国得到了快速发展，并趋于成熟。

19世纪初，信托制度就已经在美国兴起了。初期，信托制度在美国的发展同英国一样，仅作为个人用于承办执行遗嘱、管理财产等民事信托的工具，随后信托在美国一路"跨越式"发展。美国在继承"个人之间以信任为基础、以无偿为原则"的民事信托的同时，创造性地将信托以公司组织的形式进行大范围的商事经营。至此，以营利为目的的金融信托公司应运而生。美国南北战争结束后，信托便进入了快速发展阶段。一方面废除奴隶制度，解放农奴带来的劳动力使美国经济进入快速发展阶段，为信托发展创造了黄金发展机遇；另一方面因急需资金用于国家战后重建，美国政府对信托公司的管制较为宽松，信托作为筹措资金的有效手段，迎来了爆发式发展。直至今日，信托观念在美国已经深入人心，美国已然成为世界上信托业最发达的国家之一。

5. 信托在我国是如何兴起和发展起来的？

信托在我国的兴起

信托于北洋军阀时期传入中国。1913 年，日本人在东北发起设立的"大连取引所信托株式会社"，被认为是最早在中国出现的信托机构。1917 年，上海商业储蓄银行设立保管部，标志着我国开始进入由中国人独立经营金融性信托业的历史阶段。1921 年 8 月，中国第一家内资专业信托投资机构——中国通商信托公司在上海成立。之后的几十年间陆续出现了十几家信托机构。

但在新中国成立到改革开放之前，因高度集中的计划经济体制，金融信托在中国没有得到发展。改革开放前夕，国内经济建设迫切需要引进外资。如何走出一条引进外资来建设社会主义的新道路呢？1979 年 10 月，在邓小平同志的倡导和批准下，中国国际信托投资公司（中信集团的前身）诞生，标志着新中国信托业的恢复。

信托在我国的发展

第一，资金集合信托在我国的发展

1980 年，各专业银行纷纷开设信托部，之后又将信托部改为专业银行全资附属的信托投资公司。这个阶段的信托机构主要作为对外融资的窗口，肩负着"冲破旧的金融体制，做改革开拓者"的历史使命。但当时的信托机构只有"信托"之名，却无"信托"之实。信托业实际经营的依旧是银行的信贷业务。为了维持和扩张所谓的"信托存贷款"，甚至有的信托机构从银行低利拆借资金，以"信托贷款"的方式，高利投放到计划外的基建项目和非生产项目上，这造成了大量计划内的信贷资金转化为计划外资金，严重冲击了国家的信贷计划。彼时的信托机构既可以从事证券业务，又可以从事投行、代理、自营等业务，可谓是"无所不能，无所不包"。正因如此，信托业经常发生违规事件，积聚了大量的金融风险。为了解决此类问题，此后信托业先后在1982年、1985年、1988年、1993年、1999年及2006年进行了六次大规模的整顿。尤其是1999年的第五次整顿，被认为是我国信托业一次脱胎换骨式的变革，其间很多规模小、资不抵债的信托公司一律退出，最后按照整顿要求重新注册的存续的信托公司不到60家。到了2006年年底，信托业又迎来第六次整顿。其中，2007年3月1日施行的《信托公司集合资金信托计划管理办法》与2007年7月18日施行的《信托投资公司资金信托管理暂行办法》促进了信托业法律体系的完善，与2001年颁布的《信托法》共同构成信托业内的"一法两规"。"两规"对信托的经营范围及业务定位进行了新的界定，信托机构需根据要求清理实业投资、整改存续业务，原信托投资公司中的"投资"二字不复存在。同时，明确将集合资金信托投资门槛调整为100万人民币。较低的投资门槛和相对稳定的收益，令信托深受高净值人士的青睐。与此同时，通道类信托业务使得信托成为了除银行之外的另一个融资平台，此时信托业规模在我国呈爆发式增长。2010年8月24日《信托净资本管理办法》的施行，标志着中国信托业由探索时期真正进入到了规范发展时代，至此我国信托业"一法三规"出台完毕。

2012年年底，信托业受托管理资产为7.47万亿元，保险业总资产为7.35万亿元，信托业已经超越保险业成为中国金融行业的第二大支柱，仅次于银行业。2018年4月27日，《关于规范金融机构资产管理业务的指导意见》（以下简称"资管新规"）颁布，提出严控风险的底线思维，要求减少存量风险，严防增量风险，打破刚性兑付。受此影响，信托业开始主动收缩业务规模，调整发展重点，优化资产质量，至此信托业受托管理资产于近十几年来首次出现下滑现象。尽管如此，在资产管理领域中，信托公司仍然是唯一可以横跨货币市场、资本市场和实业投资三大领域的金融机构。信托公司通过信托集中起来的资金，利用制度优势整合相关行业最优质的资源，同时灵活运用债权、股权和物权三大投资手段，在一定程度上有效降低投资风险，实现投资人收益的最大化。

以上就是资金集合信托在我国的发展历程。

第二，家族信托在我国的发展

为什么信托在西方国家被当作财富管理和传承的重要工具，而在国内却主要作为投资理财的工具呢？如前所述，在改革开放初期国家急需引进国际投资，导致投融资业务一直是信托的主营业务，所以信托在我国被很多人定位为高端理财工具。到了今天，随着国内高净值人士年龄的增长，高净值人群的财富需求逐渐从"创富"向"守富""传富"转变，对财富传承的需求越来越迫切。国内信托业也从资金集合信托逐步向民事信托倾斜。信托制度不仅为高净值客户提供投资增值服务，也开始在家族财富管理和传承方面发挥其制度的优势。2018年，随资管新规一同颁布的另一个法律文件——《关于加强规范资产管理业务过渡期内信托监管工作的通知》（以下简称"37号文件"），首次对家族信托进行了定义。2023年3月20日颁布的《关于规范信托公司业务分类的通知》对家族信托的定义作了进一步完善，同时确立了家庭服务信托，标志着高质量金融服务正由高净值人群向广大富裕人群扩展普及。至此，家族信托在国内的发展迈上了新台阶。伴随着信托行业的转型，家族信托业务迎来了井喷式的增长。

2023年，在共同富裕政策的大背景下，随着资管新规已结束过渡期正式实施，"守富与传富"成为了高净值人群的刚需，被誉为财富管理领域"皇冠上的明珠"的家族信托，必将在中国新时代财富管理市场上熠熠生辉。

6. 信托与委托代理的区别是什么?

主要有以下几方面的区别:

成立条件不同

成立信托要求必须有确定的信托财产。而委托代理不限于对财产的委托管理,还可以委托处理其他事务。例如,律师事务所接受当事人委托提供各项法律服务就是典型的委托代理关系。

对外名义不同

一般情况下,在委托代理关系中,代理人以委托人的名义对外实施法律行为。而在信托关系中,一般由受托人以自己的名义管理信托财产和处理信托事务。

受托人的权限不同

在委托代理关系中,代理人只能在委托人授权的范围内从事相应行为,委托人可以随时向代理人发出指示,或有权随时解除代理关系。

而在信托关系中,受托人依据信托文件对信托财产进行管理和处分,受托人享有充分的自主权,委托人一般不得过多的干涉。

财产的性质不同

委托代理关系中,即使委托代理事项是由受托人对受托财产进行管理或者处分,该财产仍属于委托人所有,如果委托人对外欠债,此时该财产可能被用于还债。而在信托关系中,信托财产具有独立性,独立于委托人未设立信托的财产、受托人的固有财产和受益人的财产,一般情况下不会被法院强制执行。

7. 信托有哪些不同的类型？

·

信托根据不同的标准有不同的分类。常见的分类如下：

第一种，根据信托设立目的的不同，信托可分为私益信托和公益信托，即为了公共利益还是为了私人利益做的区分。

第二种，根据受益主体的不同，可分为自益信托和他益信托，即为了自己获益还是他人获益做的区分。

第三种，根据委托人对信托是否保留撤销权，可分为可撤销信托和不可撤销信托。即委托人是否保留可以变更或撤销信托以及要求受托人返还信托财产而做的区分。

第四种，根据委托人数量的不同，可分为单一信托和集合信托，即委托人是一人还是两人及以上做的区分。

除了以上分类外，信托还存在各种不同的分类，这导致了不同分类之间各类信托存在交叉重复的现象，不便于监管机构进行管理，为了解决此类现象和问题，银保监会在 2022 年 10 月下发了《关于调整信托业务分类有关事项的通知》，首次提出了以信托目的、信托成立方式、信托财产管理内容作为分类维度，将信托业务分为**资产管理信托、资产服务信托、公益 / 慈善信托三大类。**

资产管理信托

资产管理信托是指信托公司依据信托法律关系为信托产品投资者提供投资管理金融服务的自益信托业务。该业务需坚持私募定位，属于私募资产管理服务，区别于为融资方创设融资工具并为其募集资金的私募投行服务。具体分为四类资产管理信托：

①固定收益类，指信托计划投资于存款、债券等债权类资产的比例不低于 80%；

②权益类，指信托计划投资于股票、未上市企业股权等权益类资产的资产比例不低于 80%；

③商品及金融衍生品类，指信托计划投资于商品及金融衍生品的比例不低于 80%；

④混合类，指信托计划投资于前三类资产且任一资产比例达不到80% 标准的。

这将和非保本理财产品，证券公司、证券公司子公司、基金管理公司、基金管理子公司、期货公司、期货公司子公司、保险资产管理机构、金融资产投资公司发行的资产管理产品等同属于资管新规的一套框架下。

资产服务信托

资产服务信托是指信托公司依据信托法律关系、接受委托人委托并根据委托人需求为其量身定制托管、风险隔离、风险处置、财富规划和代际传承等专业信托服务。此类信托业务不涉及募集资金行为，不得以受托资金发放信托贷款，不得为各类违法违规活动提供通道服务。

资产服务信托包括：行政管理受托服务信托、资产证券化受托服务信托、风险处置受托服务信托、财富管理受托服务信托。

①行政管理受托服务信托

信托公司作为独立第三方提供会计估值、资金清算、风险管理、信息披露等行政管理服务的信托业务。

行政服务信托类似于商业银行和券商的托管部在开拓的管理人服务外包业务，但是和托管不同，它为管理人提供的服务更加宽泛细致，不局限于传统托管行的估值、核算、对账和交易指令执行等。

②资产证券化受托服务信托

信托公司作为资产证券化基础资产的特定目的载体提供受托服务。

③风险处置受托服务信托

信托公司作为受托人，接受面临债务危机、处于重组或破产过程中的企业委托，提高风险处置效率。按照风险处置方式分为两类：企业市场化重组受托服务信托和企业破产受托服务信托。

④财富管理受托服务信托

信托公司为居民、企业及其他组织财富管理提供的信托服务，按照服务内容及对象不同分为六类。主要包括家族信托、保险金信托、遗嘱信托、特殊需要信托、创新型家庭服务信托和企业及其他组织财富管理信托等。具体来说：

a. 家族信托

信托公司接受单一个人或者单一家庭的委托，以家庭财富的保护、传承和管理为主要目的，提供财产规划、风险隔离、资产配置、子女教育、家族治理、公益（慈善）事业等定制化事务管理和金融服务。家族信托财产金额或价值不低于1000万元。受益人应为包括委托人在内的家庭成员，但委托人不得为唯一受益人。单纯以追求信托财产保值增值为主要信托目的，具有专户理财性质和资产管理属性的信托业务不属于家族信托。

b. 保险金信托

单一委托人将人身保险合同的相关权利和对应的利益作为信托财产，当保险合同约定的给付条件发生时，保险公司按照保险约定将对应资金划付至对应信托专户，由信托公司按照信托文件管理。

c. 遗嘱信托

单一委托人（立遗嘱人）为实现对身后遗产的计划，以预先在遗嘱中设立信托条款的方式，将遗产的管理规划规定在遗嘱中，包括遗产的管理、分配、运用及给付等，并于遗嘱生效后，由信托公司依据遗嘱中信托条款的内容，管理处分信托财产。

d. 特殊需要信托

信托公司接受单一委托人或者单一家庭的委托，以满足和服务特殊需要人群的生活需求为主要信托目的，管理处分信托财产。

e. 创新型家庭服务信托

根据相关规定，创新型家庭服务信托由符合相关条件的信托公司作为受托人，接受单一个人委托，或者接受单一个人及其家庭成员共同委托，提供风险隔离、财富保护和分配等服务。家庭服务信托初始设立时财产金额或价值不低于 100 万元，期限不低于 5 年，投资范围限于投资标的为标准化债权类资产和上市交易股票的公募资产管理产品或者信托计划。

f. 企业及其他组织财富管理信托

信托公司作为受托人，接受单一企业或其他组织委托，提供综合财务规划、特定资产处置、薪酬福利管理等信托服务。企业或其他组织应当以自身合法所有的财产设立财富管理信托，不得以受托管理的他人财产设立财富管理信托。企业及其他组织财富管理信托受益权不得拆分转让。企业财富管理信托初始设立时财产金额或价值不低于 1000 万元。

公益 / 慈善信托

公益 / 慈善信托是委托人基于慈善目的，依法将其财产委托给受托人，由受托人按照委托人意愿以受托人名义进行管理和处分，开展慈善活动的信托业务，其信托财产及收益不得用于非公益目的。

总体而言，新规实施以后，原不同分类标准下导致的大量内容交叉问题得以解决。这有利于监管机关对信托进行风险把控，促进信托行业的健康发展。

信托公司信托业务分类简表

业务品种	是否募集资金	受益类型		主要信托业务品种
资产管理信托业务	私募	自益	集合资金信托计划	固定收益类资产管理信托
				权益类资产管理信托
				商品及金融衍生品类资产管理信托
				混合类资产管理信托
资产服务信托业务	不涉及	自益或他益	财富管理受托服务信托	家族信托
				保险金信托
				遗嘱信托
				特殊需要信托
				创新型家庭服务信托
				企业及其他组织财富管理服务信托

业务品种	是否募集资金	受益类型	主要信托业务品种	
资产服务信托业务	不涉及	自益或他益	行政管理受托服务信托	预付类资金受托服务信托
				资管产品受托服务信托
				担保品受托服务信托
				企业｜职业年金受托服务信托
				其他行政管理资管服务信托
			资产证券化受托服务信托	信贷资产证券化受托服务信托
				企业资产证券化受托服务信托
				非金融企业资产支持票据证券化受托服务信托
				其他资产证券化受托服务信托
			风险处置受托服务信托	企业市场化重组受托服务信托
				企业破产受托服务信托
公益｜慈善信托业务	可能涉及募集	公益	公益｜慈善信托	慈善信托
				其他公益信托

8. 我在银行购买的信托产品属于哪种类型的信托?

一般情况下,我们从金融机构购买的信托产品属于集合资金信托,即俗称的信托理财产品。根据《信托公司集合资金信托计划管理办法》,集合资金信托是指信托投资公司根据委托人意愿、将两个以上(含两个)委托人交付的资金集中管理、运用和处分的资金信托业务。这类信托集合起来的资金,在过去大部分会被投资到房地产项目上,一部分被投资到证券市场或基金,以及被投资到政府的大型基础设施项目,因其高收益而受到广大高净值人士的追捧。但这几年由于房地产市场低迷,收益率较以前有所下降。

集合资金信托的设立期限较短,一般不具备资产隔离、财富传承的功能,且在集合资金信托收益逐渐下降的今天,具有资产隔离、家族财富传承需求的高净值人群更关注家族信托。集合资金信托与家族信托主要存在以下区别:

受益主体不同

集合资金信托属于自益信托,家族信托属于他益信托。自益与他益的区别在于最终的获益主体是委托人本人还是他人(或包含他人)。

家族信托要求受益人的范围必须是包含他人受益,可以只有他人受益,也可以是本人和他人受益;而集合资金信托一般都是本人受益。

目的不同

集合资金信托以财富增值为目的,而家族信托不仅追求财富增值,更以财富管理、保护和传承作为目的。

期限不同

集合资金信托存续期限较短，一般为 1 年到 3 年不等；而家族信托存续期限较长，一般是 5 年到 50 年，甚至更久。

设立金额不同

集合资金信托一般为 100 万元起售，而家族信托准入门槛金额或资产价值须达到 1000 万元。在 37 号文件发布以前，设立家族信托的资金门槛过高，3000 万至 5000 万元不等。在 2018 年发布的 37 号文件明确规定，设立家族信托的准入门槛为现金或价值 1000 万元。

9. 家族信托是什么?

2018 年银保监会发布的 37 号文件第一次以部门规章的形式对家族信托下了定义。2022 年 10 月下发的《关于调整信托业务分类有关事项的通知》(以下简称"信托业务分类新规")又进一步对家族信托定义进行了优化。

家族信托是指信托公司接受单一自然人委托,或者接受单一自然人及其亲属共同委托,以家庭财富的保护、传承和管理为主要信托目的,提供财产规划、风险隔离、资产配置、子女教育、家族治理、公益(慈善)事业等定制化事务管理和金融服务。

具体如何来理解家族信托? 笔者用"三 W 模型"来解析。

第一,WHY——为什么设立

设立家族信托必须有明确合法的信托目的——管理、保护及传承家庭财富,具体包括提供财产规划、风险隔离、资产配置、子女教育、家族治理、公益(慈善)事业等,既有管理事务性的目的,也有提供金融服务的目的。

第二,WHO——谁设立,谁管理,谁受益

三个"谁"具体是指委托人、受托人、受益人。委托人是单一个人或者整个家庭均可。受托人是持有牌照的信托公司。受益人为包括委托人在内的家庭成员,但是委托人不能作为家族信托的唯一受益人。

第三,HOW——如何管理,如何分配

关于家族信托财产涉及两方面的事项——财产的管理与分配。受托人根据信托合同的约定,对信托财产进行管理或投资;当达到信托合同约定的分配条件时,按照分配方案将信托利益分配给受益人。

10. 家族信托有哪些构成要件？

一个完整的家族信托包含四个法律构成要件——主体、客体、行为和目的。

（1）主体，指信托法律关系中的"人"，为了便于理解，本书把家族信托的主体统称为法律角色。

（2）客体，指信托主体的权利和义务所指向的对象，通俗来讲就是委托人交付给受托人的信托财产。

（3）信托行为，指设立家族信托过程中所进行的法律行为。

整个家族信托设立包含了三个法律行为：设立信托的意思表示行为，财产所有权的转移行为和信托登记行为。

（4）信托目的，指委托人设立家族信托想要实现的合法的特定目的。

11. 家族信托有哪些法律角色？

家族信托主要有 4 个法律角色，委托人、受托人、受益人及监察人。

委托人

即发起设立信托的人或家庭。

委托人的义务是交付信托财产；委托人的权利主要包括：

①有权要求受托人对信托财产的管理、运用、处分及收支情况进行说明；

②有权查询、抄录或复制与信托财产有关的信托账目及其他文件；

③有权调整受益人和受益权，包括：新增受益人、取消受益人资格、变更受益人，以及调整信托利益分配方式；

④按照信托文件的相关约定或法律规定，请求法院解除或撤销信托的权利。

受托人

即接受信托财产，根据委托人意愿以自己名义按合同约定管理、处分信托财产的当事人。

受托人的权利为按约定收取信托报酬、信托设立费；受托人的义务主要包括：

①谨慎、积极处理信托事务；

②严格依信托文件规定对信托财产进行管理和处分；

③根据信托文件的规定，向受益人分配信托利益；

④保存处理信托事务的完整记录，按规定向委托人、受益人报告信托财产管理、运用及收益情况；

⑤将受托人的固有财产与信托财产进行分别管理、分别记账，并将不同委托人的信托财产分别管理、分别记账的义务。

受益人

即享有信托受益权并因此取得信托利益的当事人。

如信托合同中对受益人接受信托利益分配附有条件（义务），则受益人须履行相应义务才得以获得信托利益；受益人的权利主要包括：

①有权根据信托合同的规定取得信托利益；

②有权了解信托财产的管理、运用、处分及收支情况；

③受托人违反本合同规定致使信托财产受到损失的，有权申请法院撤销该处分行为，并有权要求受托人予以赔偿。

监察人

又称"保护人"，即监督家族信托按照信托文件的约定有序运行的当事人。

监督既是权利又是义务，主要包括：

①识别、评价和控制家族信托可能存在的风险；

②协助制定信托文件；

③监督信托公司和受益人按信托文件履行相应义务；

④在授权范围内修改信托条款；

⑤对除名受益人和添加新受益人的认可或决定；

⑥在授权范围内对受托人下达投资指令；

⑦不得从事损害信托财产和委托人、受托人、受益人利益的行为。

注：以上委托人、受托人、受益人、监察人的权责范围仅供参考，具体权利义务以信托合同的约定为准。

12. 设立家族信托对委托人有什么要求?

《信托法》规定的要求

《信托法》第十九条规定，委托人应当是具有完全民事行为能力的自然人、法人或者依法成立的其他组织。即年满 18 周岁且智力、精神正常的成年人，或者虽未满 18 周岁，但已满 16 周岁并以自己的劳动收入为主要生活来源的人。

信托业务分类新规的要求

2018 年发布的 37 号文件规定，信托公司可接受单一个人或者家庭的委托，但此定义有不严谨之处，因为家庭并不是法律意义上的行为主体。2022 年发布的信托业务分类新规对此进行了调整，明确信托公司可接受单一自然人委托，或者接受单一自然人及其亲属共同委托。共同委托的情况往往发生于拟设立信托的财产属于家庭共有财产，当事人希望由多个家庭成员共同作为委托人的情形，比如夫妻双方共同作为委托人的多委托人模式。目前只有少数信托公司愿意接受这种模式，因为多委托人模式存在不确定的风险，例如：若共同委托人发生婚变，当需要共同委托人一致确认投资方案等事项时极易发生分歧，受托人无法对信托财产进行投资运作；又或者若共同委托人中的一方身故，需要考虑另一方能否单独调整受益人和信托利益分配方案以及是否会对身故委托人意愿及其他受益人利益造成损害等诸多问题。对此，笔者建议由财产共有人一方做委托人，其他共有人作为监察人，以此实现监督、制衡委托人和受托人的作用。

综上，家族信托的委托人必须是具有完全民事行为能力的单一自然人或者单一自然人及其亲属共同委托。

13. 港澳台居民、外籍人士能否作为境内家族信托的委托人?

理论上可以,实操中信托公司会严格审查后再决定是否接受。

《信托法》第十九条的规定并没有区分境内或境外个人。由此推断,外籍人士、港澳台居民均可作为家族信托的委托人。但是实操中,信托公司对是否接受外籍人士作为委托人持审慎态度,原因有如下三点:

第一,防范涉外法律、条约影响信托合同的正常履行。

外籍人士在我国领域内从事的法律活动,除了要接受我国法律的约束,还要接受其所在国与我国缔结或参加的国际条约、互惠或对等原则的约束,这些都是影响信托合同履行的因素。

第二,防范由高税负国家法律法规制约而造成的不必要麻烦。

高税负国家如美国、加拿大等税收法律制度较为严苛的国家。美国《外国账户税收遵从法》(FATCA),要求全球金融机构向美国通报美国人在海外的金融资料。美国人设立信托或接受信托赠与有报告义务,而当委托人未充分履行报告义务的情况下,受托人有可能陷入协助调查的麻烦之中。所以针对这一类税收监管严苛的国家的公民,信托公司会慎重选择接受委托。

第三,防范外籍人士通过家族信托进行洗钱犯罪。

对于国籍为恐怖活动、洗钱犯罪等高发地区的个人,涉嫌洗钱的风险较大,信托公司一般不愿意接受其为委托人。

综上,境内信托公司是否接受港澳台居民、外国籍人作为委托人,需要综合考虑合同履行风险、税收法律风险、合规风险等多个因素,继而决定是否接受。

14. 只有信托公司可以作为境内家族信托的受托人吗?

是的。

37号文件明确规定，家族信托的受托人只能是持有信托牌照的信托公司。当然，从《信托法》对信托的定义来理解，个人之间是可以成立民事信托关系的，包含在民事信托法律关系中的家族信托，理论上也可以在个人之间成立。但是家族信托极高的设立门槛，对受托人的要求也更高，经依法设立的持牌信托公司相较个人而言更安全可靠。出于信托公司相比个人更有保障的考虑，目前文件规定，国内家族信托的受托人只能是持有信托牌照的信托公司。

15. 目前国内有几家信托公司？

我国信托公司经过四十多年的发展，已基本形成稳定的发展格局。截至目前，国内持有信托牌照并且正常经营的信托公司有 68 家。

具体是：平安信托、华润信托、中信信托、华能信托、五矿信托、建信信托、重庆信托、外贸信托、中融信托、中航信托、江苏信托、光大信托、上海信托、交银信托、陆家嘴信托、华鑫信托、华宝信托、粤财信托、百瑞信托、国投泰康信托、英大信托、北京信托、中诚信托、中铁信托、兴业信托、陕国投信托、国元信托、爱建信托、昆仑信托、紫金信托、苏州信托、中原信托、云南信托、中建投信托、西藏信托、厦门信托、财信信托、万向信托、山东信托、中粮信托、国民信托、长安信托、西部信托、天津信托、国通信托、渤海信托、国联信托、杭工商信托、东莞信托、浙金信托、北方信托、华融信托、华澳信托、金谷信托、华宸信托、大业信托、中泰信托、山西信托、长城信托、中海信托、民生信托、安信信托、华信信托、吉林信托、四川信托、新华信托、新时代信托、雪松信托。

近年来，新的银行、保险公司和证券公司陆续成立，但持有信托牌照的信托公司只有 71 家，正常经营的信托公司仅 68 家，另外 3 家暂停营业。我们在选择信托公司的时候，需要对具体的信托公司的业务模式、特点、要求进行充分了解，再选择适合自身需要的信托公司。

16. 谁可以成为家族信托的受益人？

《信托法》第四十三条规定，受益人可以是自然人、法人或者依法成立的其他组织。信托业务分类新规进一步明确，家族信托受益人应当为委托人或者其亲属，以及慈善信托或者慈善组织，但委托人不得为唯一受益人。

在实践当中，信托公司主要围绕客户是否具备真实、合法的信托目的，即财富保护、管理和传承等目的来决定可接受的受益人范围，以此防范有人利用受益人进行不正当的利益输送。目前信托公司普遍愿意接受的受益人范围主要包括以下四类，按接受度从高到低进行排序如下：

第一类人：直系亲属和姻亲

委托人本人、子女、配偶、父母（包括配偶的父母）、（外）孙子女。如果在信托期限内，（外）孙子女有了自己的子女，即设立信托时尚未出生的第三代、第四代家庭成员，均可作为家族信托的受益人。未出生后代作为受益人时，在其出生后由委托人或监察人凭有效的身份证明（如户口簿、出生证明）按合同约定向信托公司申请增加受益人。

第一类受益人为委托人家族里最亲的人，此类人群目前是信托公司接受度最高的受益人。

注意：不能仅有委托人作为家族信托受益人，必须包含其他家族成员共同作为受益人。否则，该信托就是自益信托，不属于家族信托。

第二类人：旁系亲属

主要包括兄弟姐妹以及兄弟姐妹的直系亲属，即委托人本人的兄弟姐妹、配偶的兄弟姐妹，以及兄弟姐妹的配偶和子女（委托人的侄子、外甥）。信托公司是否接受旁系亲属作为受益人，需要了解委托人如此设置受益人的原由，并判断此类受益人的利益分配机制、分配条件、付款路径等因素的合理性。比如委托人家族庞大，其有意愿且有条件，出于家风传承与帮扶家族成员的目的，设立家族信托时设置家族教育基金，旁系亲属均可领取教育奖励金。就像著名影星梅艳芳因胞姐梅爱芳早逝、兄长梅德明嗜赌如命，故在家族信托中设置"胞姐梅爱芳的两个儿子及兄长梅德明的两个女儿共获 170 万港元读书基金"的条款。

第三类人：公益受益人

包括公益基金会、慈善信托、民办非营利性企业、事业单位等基于社会公共利益性质的主体可以作为受益人。

第四类人：公司高管和骨干员工

委托人如果是企业主，为了激励企业核心高管和员工，可以参考员工激励计划，将符合条件的公司高管和骨干员工设置为家族信托受益人。此类需求比较常见，但由于信托公司受制于信托业务分类新规文件对"亲属"的规定，风控合规顾虑大，导致落地困难。

总之，信托公司是否接受信托受益人主要考虑两个因素：第一，是否违背公序良俗；第二，是否可能存在不正当的利益输送风险。信托公司需要排除以上风险后才会接受委托人的委托。

信托小知识

外籍子女能否作为境内家族信托的受益人呢？

从法律规定来看，只要属于子女均可作为受益人，因此外籍子女也不例外。但在实务中，部分信托公司对此有不同的处理方式。

第一种，部分信托公司持谨慎态度。其主要原因是，外籍子女作为受益人时，涉及不同国家（地区）之间不同的税务法律规定和要求；同时国家（地区）之间往往基于其共同加入的国际公约增加信托公司承担配合申报或缴纳相关税务的义务，如加入《多边税收征管互助公约》（CRS 金融账户涉税信息自动交换标准）的国家，当外籍子女受益人在其国籍需要纳税申报或纳税时，作为受托人的信托公司此时需要配合进行申报或代扣代缴。信托公司的责任和义务被加重，是该部分信托公司持谨慎态度的原因。

第二种，部分信托公司会在信托合同中明确规定，涉及申报与缴纳税收的责任由客户本人承担。

17. 监察人是不是家族信托中必须存在的角色?

不是。

2001 年颁布的《信托法》第六十四条规定，公益信托应当设置信托监察人。第六十五条规定，信托监察人有权以自己的名义，为维护受益人的利益，提起诉讼或者实施其他法律行为。

换言之，公益信托因涉及公共利益，故必须设置监察人；而私益信托系对公民私权利的自由处分，则由委托人自行决定是否设置监察人，《信托法》对此并未作出强制规定。

18. 我的家族信托要不要设立监察人呢?

有必要。具体理由如下:

第一,通过监察人,保障信托能够充分实现委托人目的。

家族信托合同期限比较长,动辄 30 年甚至 50 年,因而存在诸多不确定因素,无论信托文件规定得如何翔实,仍有必要设立监察人来监督信托的执行情况,以此保障家族信托能够安全有效地运行。

第二,通过监察人,避免委托人过度保留权利导致信托无效。

有的委托人为了保证信托目的实现,往往保留信托的修改权和撤销权,而过多保留权利可能导致信托无效,或者导致信托丧失部分财产隔离功能和税收优化等功能。

此类风险基于信托财产的独立性产生,如果委托人保留过多的权利,则有可能被质疑并非出于财产保护和传承目的,而是以合法形式来掩盖某些不合理或不合法目的而设立的"虚假信托",这可能会导致信托被认定无效。所以将信托修改权和撤销权赋予值得信赖的监察人,可以很好地防范此类风险。

基于以上原因,在家族信托中设置监察人非常有必要,尤其是受益人中有未成年子女或者智力不健全的无民事行为能力人的,建议通过信托监察人来进行保护,这无疑是给此类弱势的受益人增加一个"守护神"。

19. 选择监察人有什么注意事项？

家族信托监察人的责任和意义重大，由谁来担任需要综合考虑。笔者综合考虑各项因素，提供以下建议：

委托人本人不作为监察人

虽然法律未禁止信托委托人自己担任监察人，但是这样做丧失了设置监察人的意义。因为设置监察人的主要目的是在委托人去世后仍然能够充分履行监督职责，确保家族信托继续安全有序运行。

受益人不作为监察人

从委托人的立场来说，设置监察人的主要目的是牵制信托公司和受益人，防止信托公司怠于履行职责，督促受益人积极履行信托合同所附加的条件，避免他们恣意妄为。基于此，建议选择受益人以外的人担任监察人。当然，并不是说受益人就不能作为监察人，具体还得围绕委托人设立信托目的综合考虑。

选择自己信任的亲友担任监察人

基于监察人的职责重大，很多委托人会从自己的亲人、朋友中挑选客观公正、品德高尚且熟悉其家族情况的人来担任。需要注意的是，最好不要选择与受益人存在利害关系的人担任。

选择独立第三方机构担任监察人

除了自然人，笔者建议优先选择熟悉家族情况、精通法律事务和财富管理的独立第三方机构担任监察人。比如律师事务所、会计师事务所、家族办公室等。第三方机构除了具有独立性、中立性以外，其法人人格具有长久性、延续性，不会像自然人一样随着生命的终结而终止。

可考虑选择多个主体共同担任监察人。

除了单一主体作为监察人，可以考虑设置多个主体共同担任监察人。因为家族事务难免存在内部矛盾，例如监察人与某个或多个受益人存在利益关系或发生矛盾，此时监察人行使监察权时可能会损害受益人的利益。为规避此类问题，建议除家族成员外，还可设置其他与受益人不存在利害关系的人或者机构作为监察人，比如将律师事务所共同设置为信托监察人，这样更有利于保护受益人的利益。

总之，选择监察人时一定要综合考虑各个因素，注意平衡好监察人与受托人、受益人之间的关系，紧紧围绕监督受托人、维护受益人、确保信托目的得以实现的宗旨。同时，除了选择监察人需要审慎注意之外，监察人的权责范围界定也很关键，需要在信托文件中对监察人的权利、义务内容进行详细具体的约定。

信托小知识

除了以上角色，家族信托可能还需要哪些"人"参与？

除了委托人、受托人、受益人、监察人之外，各家信托公司根据客户的不同需求，还可能设置以下几类"人"：

（1）投资顾问

委托人可以根据需要选择投资顾问（也称"财务顾问"），投资顾问就信托财产中拟进行投资管理的资产提供投资顾问服务。一般由委托人、受托人、财务顾问共同签署投资顾问协议，投资顾问根据顾问协议的约定向受托人提出专业的投资建议，包括投资范围、投资策略、投资方式等。

（2）紧急联系人

家族信托中一般会设置紧急联系人，紧急联系人需知晓信托的具体内容，确保发生紧急情况时能够及时通知信托公司或者告知受益人，以便能够及时履行相关义务并协助处理信托相关事务。

20. 信托财产应该满足什么要求?

从本质上说，信托财产是信托存在的根本前提。《信托法》第七条规定:"设立信托，必须有确定的信托财产，并且该信托财产必须是委托人合法所有的财产。"从该规定可以得出，信托财产应当满足如下两个要求:

第一，确定性

委托人用于设立信托的财产必须是确定的，可以是有形财产，比如现金、动产、不动产、银行存款和股票等;可以是无形财产，比如著作权、专利权和商标权等;还可以是财产权利，比如合同利益，最典型的是保险金信托中的保险合同利益。同时，这种确定性还反映在，用于设立信托的财产必须是能够计算价值的，无法估算价值的财产无法作为信托财产。例如金银珠宝、古董字画能不能作为信托财产，关键在于能否确定价值，只要通过评估鉴定确定具体值多少钱则可以作为信托财产。

第二，合法性

委托人用于设立信托的财产，应当是委托人合法取得并占有的财产。如果委托人用违法所得的财产设立信托，则该信托可能被认定无效。

21. 家族信托成立包含哪三个法律行为?

家族信托的设立包含三个行为:设立信托的意思表示行为,财产所有权的转移行为和信托登记行为。

设立信托的意思表示行为

在《民法典》中,我们经常提"意思表示",其在设立信托中的具体表现为:首先,委托人与信托公司双方要有建立信托合同关系的意思表示,并且没有受到任何的胁迫、欺诈,是完全真实自愿的;其次,这个意思要表达出来,法律要求设立信托的意思表示行为必须采用书面形式,即合同或者遗嘱形式。但当前国内信托公司不太愿意接受以遗嘱形式来设立家族信托,因为遗嘱的效力问题易受到质疑,进而引发家族信托合同效力争议。因此,目前我国主要采用书面合同的形式设立信托。另外,信托合同条款的设计亦需要充分尊重委托人的意愿,这就需要委托人和信托公司进行充分沟通,制定出符合委托人真实意思表示的个性化条款,这往往是遗嘱信托无法达到的。

财产所有权的转移行为

设立信托时,需要委托人将信托财产的所有权转移给受托人。其中,动产应该办理交付手续,不动产则应该办理登记手续。比如,资金转账成功即完成交付,所有权发生转移;而房子作为不动产就必须完成过户登记,所有权才发生转移。

信托设立后的登记行为

《信托法》第十条规定:"设立信托,对于信托财产,有关法律、行政法规规定应当办理登记手续的，应当依法办理信托登记。"不动产和股权就属于这类财产。如果以房产或者公司股权作为信托财产设立信托的，应当办理信托登记。但我国目前并没有非交易型的财产登记制度，这就导致委托人如果想要将房子或股权设立信托，只能通过交易的方式完成转移登记，而交易过程中必然会产生手续费和税费，增加了设立信托的成本。

22. 信托目的应该满足什么要求?

《信托法》第六条明确规定:"设立信托,必须有合法的信托目的。"信托目的决定了信托合同如何订立、信托财产如何管理以及信托利益如何分配。可以说,所有信托行为都是围绕着实现信托目的而开展的。同时《信托法》第五十三条规定,当出现信托的存续违反了信托目的、信托目的已经实现或者不能实现的情形时,信托合同终止。

一般来说,信托目的采取意思自治原则,法律允许委托人为了不同目的而设立信托,比如企业经营、股权激励、家族财富的保护和传承、家庭成员的生活保障、二代三代培养计划、退休养老计划、公益慈善事业等。当然,所有的信托目的必须满足合法性,而且不能违背公序良俗。在设计信托方案时,只要信托目的没有违反法律,没有违背公序良俗,委托人就可以最大限度地按照自己的意愿进行财富安排。

23. 家族信托有多少种类？

根据划分依据的不同，家族信托业务可进行不同的分类。

根据在设立后可否撤销进行的分类

根据家族信托在设立后是否可撤销，可以分为可撤销家族信托和不可撤销家族信托。

（1）可撤销信托

指家族信托设立后，委托人可以撤销信托取回信托财产。可撤销信托可以灵活取回财产，委托人对财产的可控性较强。但可撤销信托有信托财产被视为委托人财产的风险，会影响信托资产隔离效果。

（2）不可撤销信托

指家族信托设立后，不可以随意撤销信托取回信托财产。当然，信托合同的内容是可以调整的，比如受益人分配方案、受益人的分配方式等都可以变更。

根据信托财产类型不同进行的分类

根据交付的信托财产的不同，可以把家族信托分为资金类家族信托、不动产家族信托、股权家族信托、合同利益请求权家族信托、混合型家族信托。

（1）资金类家族信托

指委托人以货币资金的形式设立的家族信托。货币资金是财产最主要的表现形式，是在各大类资产中流动性最好、转让最便捷、管理最灵活的一种资产形式。因此资金类家族信托也是目前国内家族信托最常见的类型。

（2）不动产类家族信托

指委托人将其合法拥有的不动产作为信托财产而设立的家族信托。

（3）股权类家族信托

指委托人把自己持有的企业股权作为信托财产而设立的家族信托。

（4）合同利益请求权家族信托

指委托人将基于合同约定的可得利益作为信托财产而设立的家族信托。例如保险金家族信托，就是以人寿保险金请求权作为信托财产而设立的信托。

（5）混合型家族信托

指委托人以现金类资产和非现金类资产共同作为信托财产而设立的家族信托。

24. 目前在国内能否设立不动产家族信托？

　　目前在国内，设立不动产家族信托在实际操作中仍存在一定的困难。

　　根据《信托法》的规定，装入信托的财产必须办理"信托登记"，但我们国家目前尚未建立信托财产登记制度。

　　海外很多国家和地区都实行信托财产过户制度、信托财产登记制度及信托税收制度，所有用于设立信托的财产都必须先到专门的机构进行登记和公示，有完整的过户程序规定以及所涉各项税费规定，其中非交易类的信托资产过户往往是免税的。以日本为例，日本的《不动产登记法》对信托登记的事项、信托登记的申请方式、信托设立登记、信托变更登记、信托消灭登记以及信托登记的申请人均进行了明确规定。比如在信托设立登记方面，在登记过程中需要进行两种不同的登记，一种是不动产权利移转登记，在不动产权利移转登记时明确以不动产权利移转为目的，通过登记产生不动产权利移转的法律效力；另一种是信托登记，是对不动产的信托法律关系进行登记，以产生对抗第三人的效力。不动产权利移转登记申请与信托登记申请应以同一书面文件一并提出。

　　而我国目前还没有对非资金类信托财产的过户、登记以及税费征收等方面的配套制度。但是没有信托财产过户登记制度并不等于不能将不动产装入家族信托。按照国内现行法律的规定，如果想把不动产装入家族信托，必须以交易的形式进行过户登记，当然在此过程中必然会产生各项税费、工本费、公证费等高昂的成本。

　　目前实务中不动产装入信托的操作方法主要有以下两种：

第一种方法：委托人先设立资金家族信托，信托公司再用该信托财产购买委托人名下的房产。

60多岁的宋阿姨，在北京有多套房产，价值过亿。老伴走后，这些房产全部由宋阿姨打理，租金收入可观，生活无忧。尽管如此，宋阿姨仍有很多烦恼。宋阿姨既希望将房子都给到子女，又担心子女的婚姻风险导致财富缩水，还担心将来会征收房地产税、遗产税等。北京银行对此的解决方案是：通过银行合作方——北京信托公司设立单一资金信托，由该信托出资买入宋阿姨的房产，最后将信托受益人指定为"直系血亲后代非配偶继承人"，排除子女、孙子女配偶的受益权。同时信托合同约定"虽然房产是在信托的名下，但宋女士和儿女能自由支配"。最终，除了留下几套自住的住房外，宋阿姨把十几套房产"卖"给了由她设立的家族信托。当然，宋阿姨也需要按北京当地规定缴纳二手房交易费用，同时信托公司在持有该房产后，每年还要按北京市关于房产税征收的相关规定，缴纳所持有房产价值0.84%的房产持有税。各项费用加起来也不低，但宋阿姨认为这与后辈的婚姻风险及未来房地产税的征收相比，这些费用的付出是值得的。这个案例是国内第一例不动产家族信托，虽然与国外信托相比可能不够完美，但在现行法律框架下，它充分实现了委托人的愿望，对在我国如何设立不动产信托具有非常大的参考价值。

第二种方法：首先，以公司作为主体购买拟装入家族信托的不动产，其后委托人以货币资金形式设立资金类家族信托，继而用信托财产买入该公司股权，通过控股间接持有不动产。这种方法本质上属于股权类家族信托。

25. 目前境内股权家族信托的主流模式是什么?

理论上,境内股权家族信托持股架构设计有两种思路:信托公司直接持股、信托公司间接持股。

第一种,信托公司直接持股即由信托公司直接持有委托人拟设立信托的公司股权。该模式下信托公司作为公司的直接股东,享有公司在经营管理中的权利以及需承担公司在经营管理中的相应义务,会产生较高的管理成本与经营风险,某种程度上无法实现股权家族信托所有权、控制权和经营权分离的目的。

第二种,信托公司通过持股平台SPV间接持股。该模式是目前境内家族信托的主流模式。它既保留了客户自身(或其指定主体)对装入家族信托的企业的控制权,实现公司经营指令的高效下达与执行,避免信托公司实质参与或干扰家族企业经营;同时又维持了企业持股的稳定,隔离经营风险。通常情况下,客户会在家族信托和拟装入家族企业之间架设一层持股平台SPV,多以有限合伙企业的方式设立持股平台SPV。信托公司以家族信托名义作为该有限合伙企业的有限合伙人(LP),主要享受合伙企业的分红回报;而客户(或其指定主体)作为该有限合伙企业的普通合伙人(GP),主要负责合伙企业以及家族企业的实际运营。

境内股权家族信托案例

欧普照明股份有限公司(以下简称"欧普照明")于1996年由马秀慧女士及其丈夫王耀海先生创办,以照明器具制造和销售为主要业务。经过多年发展,于

2016 年 8 月 19 日成功在上海证券交易所挂牌上市，成为 A 股上市公司。2022 年 9 月 10 日，欧普照明发布《关于实际控制人增加一致行动人及一致行动人之间内部转让达到 1% 的提示性公告》（"公告"），对外披露实际控制人马秀慧女士将其所持的部分股份转让给其家族信托下设的有限合伙企业——上海峰岳企业管理合伙企业（以下简称"上海峰岳"）。该公告的发布实质上披露了马秀慧女士设立股权家族信托的事实。

欧普照明股份有限公司

关于实际控制人增加一致行动人及一致行动人之间

内部转让达到 1% 的提示性公告

> 本公司董事会及全体董事保证本公告内容不存在任何虚假记载、误导性陈述或者重大遗漏，并对其内容的真实性、准确性和完整性承担法律责任。

该股权家族信托的具体信托架构大致如下图所示：

信托名称	光信·国昱 1 号家族信托
委托人	马秀慧
受托人	光大兴陇信托有限责任公司
受益人	马秀慧女士及其家庭成员
信托类型	信托财产主要投资管理方式为指令型，无需受托人主动管理。委托人指令受托人选择其认可的投资标的进行投资，委托人向受托人发送指令函，在不违反法律、法规、监管规定以及信托约定的情形下，受托人将依照指令函进行标的资产的投资
信托期限	50 年，自该信托的信托生效日（包含该日）起算

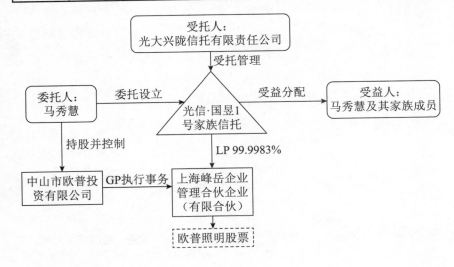

该信托架构中，由光大兴陇信托公司作为有限合伙人（LP），由马秀慧持股并控制的中山市欧普投资有限公司作为普通合伙人（GP）共同设立上海峰岳企业管理合伙企业（以下简称"上海峰岳"）。光大兴陇信托公司通过上海峰岳间接持有欧普照明股票。本次股权家族信托的设立并不对欧普照明的股权架构产生实质性影响，实际控制人仍为马秀慧女士以及王耀海先生。且由于光大兴陇按照马秀慧女士的意愿管理信托，为上海峰岳的实际控制人，中山欧普为上海峰岳的执行事务合伙人，上海峰岳亦为马秀慧女士的一致行动人。总而言之，正如公告所披露在设立股权家族信托后"本次转让不会导致公司控股股东及实际控制人发生变化"，保证了家族企业股权的安全稳定。

26. 股权类家族信托有什么优势?

保证企业股权的安全稳定

通过家族信托持有公司股权，可以有效避免企业股权因家族成员的婚姻风险、债务风险、继承风险等被分散，导致家族企业掌舵人及家族接班人对企业的控制权被稀释的风险。同时也能够将家族资产与企业资产相隔离，从而避免企业出现经营困难，面临企业股权被债权人执行或股权价值降低的险境。

保证企业实现现代化发展

通过股权家族信托将企业财产所有权、经营权与受益权分离，即以"三权分立"实现企业健康发展。对于企业的经营管理者来说，可借此厘清公司的持股关系，有效避免代持等不规范的权属安排；同时根据市场变化与需求，引入现代职业经理人机制，创新企业管理经营机制；还使股权和对应分红保持独立。可谓一举多得，有效推动家族企业的现代化发展。

保证家族财富实现有效传承

通过家族信托持有家族企业股权，实现企业永续。自家族企业股权被装入股权家族信托时起，企业股权独立于委托人，不受委托人"生老病死"的影响。同时在信托存续期间，不仅不会因股权继承、转让而产生税务成本，反而产生税收递延的作用。从而实现企业基业长青、财富久传。

保证实现家族精神的永续传承

通过合理制定股权家族信托中的信托分配方案，使家族企业的经营所得在家族成员内部实现有序分配，让家族成员之间都有利可享，避免产生家族利益纠纷，增强家族凝聚力，促进家族团结和睦，实现整体繁荣。同时通过信托条款设置激励机制，激励家族成员自我成长，有利于家族成员树立良好家风，促进家族精神文明建设，有效实现家族精神永续传承。

27. 境内与境外家族信托有什么区别?

境内家族信托是指在我国（大陆）境内，依据我国（大陆）的信托法设立的家族信托。

境外家族信托（又称离岸信托）是指在离岸地（基本上为离岸金融中心），依据离岸地的信托法设立的家族信托，著名的离岸金融中心有英属维尔京群岛（BVI）、开曼群岛、百慕大、泽西群岛、萨摩亚群岛、毛里求斯、塞浦路斯、新加坡、中国香港等国家和地区。

两者主要存在以下区别：

第一，适用法律不同。

根据属地原则，信托设立在何地就适用该地的法律。

境内家族信托适用我国的法律，目前主要的法律依据有《民法典》《信托法》《关于加强规范资产管理业务过渡期内信托监管工作的通知》（37号文件）。

而境外信托主要集中在法律制度健全、信托利益能够得到充分保障的国家和地区。选择设立地时，主要考虑法律制度、税收政策、国际声誉和维护成本等因素。目前境外信托常见的设立地有英属维尔京群岛（BVI）、开曼群岛（Cayman）、泽西岛、新加坡、美国、中国香港等。

第二，可以装入信托的财产类型不同。

目前设立境内家族信托的信托财产还是以现金和保单等金融资产为主，股权、房产虽然可以装入，但由于目前尚无信托财产登记制度，导致股权、房产等非现金类资产装入信托成本极高。

境外家族信托可以装入的财产类型更为丰富，理论上在法律允许范围内的任何财产都可以装入，如房产、股权、赛马、游艇及私人飞机等。

第三，信托目的不同。

境内家族信托目前主要以财富管理、财富保护与财富传承为主要信托目的；而境外家族信托除了以上目的外，还有其他目的，比如：以企业上市为目的；有境外投资需求，而相应境外接受投资的目标公司又不接受自然人投资主体的；境外有资产且考虑移民境外等。

第四，家族信托财产持有形式的区别。

境内家族信托一般由信托公司通过在银行开立信托专户来持有财产，信托财产在该专户内进行保管运作、独立核算。

而境外家族信托一般由信托公司通过设立新的企业法人来持有境内外资产。即通过信托公司设立特殊目的机构（Special Purpose Vehicle，简称 SPV），以 SPV "法人形式"的方式持有境内外金融资产、股权、房产、私人飞机、游艇、古董及艺术品等各类资产。

第五，信托设立运行成本不同。

境外家族信托的设立费在 2 万 ~8 万美元不等，具体视信托公司的规模、信托设立地点、律师费用、装入资产的规模及难易程度等因素而定。同时每年的管理费用在 1 万 ~5 万美元不等，具体受信托公司的规模、装入资产的性质等因素影响。境内家族信托的成本费用相对低一些，具体各项费用详见本书第 53 问 "家族信托在设立和存续期间可能会产生哪些费用"。

28. 境外家族信托的优缺点分别是什么?

境外家族信托的优势

（1）法律制度更健全

现代信托制度起源于罗马，形成于英国，并在美国实现了腾飞。境外家族信托一直在不断适应"境外土壤"，得以蓬勃发展——信托相关法律制度更加健全。比如英国、日本、德国、瑞士等大部分境外国家都有完整的信托财产登记制度，可以将股权、房产、珠宝、艺术品等非现金资产装入家族信托且成本较低。又比如境外家族信托多为判例法国家，关于家族信托的判例较多，在设立和运作家族信托时可借鉴的案例较多，因此境外家族信托的针对性、有效性更强。

（2）税务筹划灵活

受限于多种因素，设立境外信托并不意味着避税，但因其设立地点选择更具灵活性，可利用各个国家或地区税收制度差异，即通过税务规划实现信托财产及收益免缴、少缴或者税务递延。例如，个别国家将股权和不动产等财产通过捐赠方式转移到信托机构或指定受托人名下，无须缴纳捐赠税，众所周知的例子就是乔布斯的三处房产因被放进两个信托中而免于缴税。又如在英国曼彻斯特、英属维京群岛等避税天堂设立信托是一种最传统的避税手段。

境外家族信托的缺点

（1）维权成本高

若境外信托存有争议将会产生高昂的经济成本与时间成本。

第一，诉讼成本。境外信托所属司法辖区多数属英美法系，法院处理纠纷时会以"遵循先例"为原则，以"突破先例"为个案。若因境外信托发生争议，由于诉讼当事人居所地、公司股权所在地、信托设立地、账户开设地、实体财产所在地等诸多因素的不同，往往会涉及多个司法辖区法院同时受理。除法院收取的案件受理费外，当事人还将面临高昂的律师费。境外律师收费普遍不接受"风险收费模式"，而是按小时收取，费率区间在500~4000美元。

第二，时间成本。由于涉及法律关系、法域复杂、多地诉讼同时进行，以及诉讼的波折、反复性，导致跨境案件财产争议处理时间跨度长、风险高，加之有语言的障碍，需要额外增加较多的时间成本。再加上由于涉及标的额大，法院一般均采用普通程序，相关案件处理时间较为漫长。

（2）合规节税功效可能无法实现

当前越来越多的税务辖区加入CRS（金融账户涉税信息自动交换标准），CRS明确要求所有金融机构在统计和申报金融账户信息时要穿透信托/基金架构，把信托金融账户的实际控制人（包括委托人、保护人及收益人）按照其所属国税务居民进行申报。尤其中国版CRS将离岸信托列入了信息交换范围，穿透识别部分信托的实际受益人，对此境外信托的税收优化功能或会受到影响。比如在开曼群岛、英属维京群岛等避税天堂设立信托进行避税的做法或将面临挑战。又比如美国虽未加入CRS，但依据FATCA（海外金融机构申报）规则对美国税务居民有类似CRS的约束。因此，受限于CRS及FATCA规则约束，境外信托避税的功效或大打折扣或无法实现。

（3）争议结果具有不确定性

境外信托公司多依据英美法而设立，法官遵循先例的同时也可能视情况突破先例。因此，境外信托若发生争议，即便在境外相同的司法辖区，相同的争议情形都可能产生不同的判决结果，存在不确定性。

29. 我应该选择境内还是境外家族信托呢？

是不是"外国的月亮就比中国的更圆"呢？其实境内和境外家族信托各有千秋。选择境内还是境外家族信托，可以考虑以下几个因素：

首选"钱"在哪里，家族信托就设在哪里

境内资产和境外资产之间隔着一条河——外汇管制。千万不可盲目将境内资产通过非法手段转移到境外设立家族信托，否则在全球资产透明化时代下，个人在境外的财产信息会被披露回国内。一旦被税务部门或外汇管理部门调查，就得接受以下询问：钱哪里来的（资金来源是否合法）？钱是否完税（能否提供完税证明）？钱怎么出去的（是否合法途径出境）？等等。

基于此，目前设立境外家族信托普遍面临"境内资产出境难、境外收益入境难、境外管理费用高"等困境。所以，如果设立信托的财产在境内，优先选择境内家族信托；反之，如果设立信托的财产在境外，比如外国货币、境外股权和房产，则选择境外家族信托。

优先考虑"人"在哪里，家族信托就设在哪里

这里的"人"包括委托人和受益人。如上文所述，我国是一个外汇管制的国家，资产转移的可行性和转移成本是必须考虑的问题。如果委托人有境外生活经验，对境外法律环境有一定了解和适应，受益人主要也在境外生活或者考虑将来定居境外，则可以选择境外家族信托。

正如施天涛教授曾说："家族信托及家族财富管理主要是个法律活儿，你把财产转移出境，设立离岸信托，我相信大多数人是搞不懂人家

法律的，即便是专业律师也不行。像我们这种一辈子专门搞法律的人，都很难搞明白人家法律的实际运作，何况是客户呢？"除非符合以上条件，否则建议优先选择在境内设立家族信托。

基于实现特殊信托目的来选择

除了以上因素，选择境内还是境外家族信托还要看设立信托想要达到的具体特殊目的。如，有些超高净值企业家，希望境内公司的股权利用境外公司的架构转移到境外设立信托。小米公司在香港上市，而上层股东都设立了离岸信托。

30. 我打算设立境外家族信托，如何选择设立地？

选择设立地时，需要考虑以下几个因素：

政治、经济稳定性

政治、经济的稳定性决定了财产的安全性。在选择设立地时，需从宏观角度分析该国的政治、经济环境，优先选择政治稳定、经济发达的国家和地区。

当地法律制度

主要考虑当地的信托相关法律、民事诉讼相关法律、税法（包括国际税收协定等）、外汇管制相关法律、与信托隐私保护相关法律、承认与执行外国裁判的相关法律、破产法等。需要注意的是，设立地银行可能会根据其所在国家、地区所实施的法律、所加入的国际公约，对客户在其他法域受保护的资产进行查封、扣押、冻结。

费用和成本

包括法律服务和会计服务的费用、设立费用、税费、受托人的管理费用、银行托管费用等。

沟通的便利程度

需要提前了解该国与中国是否建交；是否互设使领馆；是否有共同加入的国际条约、国际公约等。

　　知名地产公司龙湖地产的实际控制人吴亚军与蔡奎早在龙湖地产 2009 年香港上市前，就将在龙湖公司所持有的股权装入通过汇丰国际信托公司设立的两个家族信托（吴氏信托和蔡氏信托）之中，具体操作流程如下：

　　2007 年，夫妇二人在开曼群岛各自成立了 BVI 公司——Charm Talent（简称 CT）及 Precious Full（简称 PF），并以这两家公司作为股东注册成立龙湖地产公司。2008 年 1 月，夫妇二人又以龙湖地产作为 100% 持股股东成立了一家名叫 Long For Investment（简称 LFI）的 BVI 公司，该公司成立的目的在于收购夫妻俩打算用于上市的境内资产——嘉逊发展的全部已发行股本。收购完成后，LFI 将股本以 19.2 亿港元、12.8 亿港元转让给了 CT、PF 两家 BVI 公司；与此同时，吴亚军将 CT 所持有的所有嘉逊发展的股份全部无偿转让给吴氏家族信托的受托人 HSBC International Trustee Limited 在英属维尔京群岛注册的全资子公司 Silver Sea，结算为吴氏家族信托；而蔡某也将 PF 所持有的全部嘉逊发展股份无偿转让给蔡氏家族信托的受托人 HSBC International Trustee Limited 在英属维尔京群岛注册的全资子公司 Silver land，结算为蔡氏家族信托。至此，吴亚军夫妇在龙湖地产中的资产，已通过家族信托架构成功将二人的股权做了妥善安排。

　　二人于 2012 年 11 月发生婚变，装入两个家族信托的财产（股权）因其独立性没被当做夫妻共有财产进行分割，未影响公司的正常经营，龙湖地产的股权价值也没有因为婚变发生动荡。通过龙湖地产设立家族信托的案例，充分发挥了家族信托财产隔离、财产保护的功能。

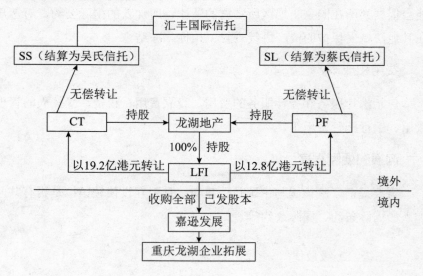

31. 如果打算设立境内家族信托，
应该选择哪一家信托公司？

具体选择哪家信托公司设立家族信托就好比应该选择哪个律师代理法律事务一样，最朴素的回答是靠谱的律师。同样如何选择适合自己的信托公司需要综合考虑以下几个因素：

信托公司的综合实力

我国境内目前持牌营业的信托公司有 68 家，进行选择时需要综合考虑信托公司的股东背景、投资与风控能力、数字化运营能力、是否有负面新闻等因素，综合判断信托公司的实力。当我们没有更专业的信息去识别、选择的时候，选择一家历史悠久、实力雄厚的信托公司是尽可能减少风险的方法。虽然信托资产不会因信托公司的倒闭而被清算，但是更换受托人是一件繁杂的事，需要付出较多的成本。

信托公司的信誉度

任何一个行业都讲究信誉，同样我们在选择信托公司的时候也一定要优先选择信誉好、市场口碑好的信托公司。

快速了解到一家信托公司的信誉情况至关重要，我们可以登录"中国信托登记有限公司官网"查询信托公司的行业评级。根据《信托公司行业评级指引（试行）》第七条规定，信托公司行业评级主要对信托公司资本实力、风险管理能力、增值能力、社会责任四个方面进行评级，根据各项评价内容的量化指标得分情况综合确定，评级结果划分为A、B、C 三级。A 级最优，其次是 B 级，再次 C 级。

信托公司的服务经验

信托公司服务家族信托的经验是必须要考虑的因素。家族信托具有周期性长的特点，对此服务机构能否长期存续很关键。服务团队的专业背景与实操经验不仅可以保证信托账户设立成功落地，更是为日后追加委托、分配变更、受益人变更等提供保障。因此建议对信托公司进行相应的尽职调查，比如：是否从事过家族信托业务；是否配备了专业、资深的家族信托从业人员；从业年限多久，服务过多少客户；后台同事与客户经理是否在同一地区（部分信托公司在当地无后台服务人员，则需确定是否会因沟通问题而影响服务质量）；是否可通过股权或不动产形式设立家族信托；是否可以接受美国或高税率国家税务居民身份的受益人，等。

另外，信托公司的投资顾问能力也应作为考虑因素。投资顾问能力很大程度上影响信托财产的投资收益，优秀的投资顾问专家团队提出良好的投资建议与投资方案有利于保障信托运行收益。

客户经理的维护态度和频度

除了需要考虑信托公司的自身因素外，还要考虑具体服务的客户经理。家族信托属于服务类信托，对接的服务人员——客户经理的专业能力和服务能力非常重要。客户经理既要协调、帮助客户讲解家族信托、设计信托方案、设立信托，还要完成在信托存续期间协调追加信托财产、变更受益人、改变分配方式、提前终止合同等事宜。所以，选择一位负责、专业、热心、正直的客户经理，可以让自己享受更舒心、更放心的家族信托服务。

信托小知识

据中国信托登记有限公司官网数据显示，截至 5 月 25 日，已有 61 家信托公司陆续披露完年报。根据已公布的年报数据，以资本实力、利润创收、业务拓展、风险抵抗四个维度为关键指标，对信托公司的综合实力进行分析。暂未披露 2021 年报的信托公司包括国元信托（出现异常）、华信信托、四川信托、新华信托、新时代信托（这四家正在接管中）、雪松信托（刚拿到牌照，前两年亦未披露）、吉林信托（尚未公布）。

2022 年信托公司综合实力排名

信托公司	资本实力	利润创收	业务拓展	风险抵抗	综　合	排　名
平安信托	60.00	47.87	36.56	14	182.57	1
华润信托	40.63	52.17	59.07	28.36	180.24	2
中信信托	48.40	47.25	50.01	34.06	179.71	3
华能信托	35.42	62.00	37.14	37.98	172.56	4
五矿信托	35.89	38.35	51.23	35.86	161.32	5
建信信托	36.28	38.01	60.48	26.24	161.01	6
重庆信托	60.00	35.57	26.24	32.69	154.49	7
外贸信托	28.61	29.51	60.61	29.45	148.18	8
中融信托	34.25	24.08	49.00	32.86	140.19	9
中航信托	29.94	32.22	46.69	29.72	138.57	10
江苏信托	35.16	33.40	38.95	30.05	137.56	11
光大信托	24.78	30.03	57.57	23.80	136.18	12
上海信托	26.80	33.99	29.82	26.65	117.26	13
交银信托	20.90	25.29	34.56	28.95	109.70	14
陆家嘴信托	19.33	34.93	28.63	23.26	106.15	15
华鑫信托	20.53	25.12	29.82	27.09	102.56	16
华宝信托	15.61	29.38	30.77	26.33	102.08	17
粤财信托	14.29	39.19	26.58	20.98	101.03	18
百瑞信托	15.83	20.83	38.79	22.73	98.17	19
国投泰康信托	14.76	32.89	25.46	22.90	96.00	20
英大信托	15.84	30.53	26.54	22.10	95.00	21
北京信托	16.59	26.87	29.13	22.22	94.81	22
中诚信托	24.99	19.38	23.71	24.17	92.25	23
中铁信托	17.07	19.32	30.40	25.17	91.97	24
兴业信托	33.13	11.31	17.59	28.23	90.26	25
陕国投信托	18.11	16.73	30.53	18.55	83.91	26
爱建信托	13.06	27.32	24.74	17.86	82.97	27
昆仑信托	22.35	6.97	29.07	23.76	82.15	28
紫金信托	11.24	24.60	22.33	23.57	81.74	29
苏州信托	8.23	23.12	25.28	24.70	81.33	30
云南信托	5.50	20.32	37.53	16.74	80.09	31
中原信托	12.97	9.24	39.02	18.22	79.45	32
中建投信托	14.54	15.77	21.20	24.97	76.48	33
厦门信托	9.36	27.61	23.67	13.92	74.56	34

信托公司	资本实力	利润创收	业务拓展	风险抵抗	综 合	排 名
财信信托	12.24	21.64	19.26	20.88	74.03	35
万向信托	5.64	36.65	17.21	14.38	73.88	36
山东信托	17.71	10.85	20.20	23.90	72.66	37
国民信托	4.73	16.45	30.18	19.38	70.74	38
长安信托	11.97	16.03	27.87	14.25	70.12	39
中粮信托	10.31	18.74	20.17	19.81	69.03	40
西部信托	7.93	17.45	27.41	15.14	67.93	41
天津信托	10.12	18.27	22.16	17.24	67.79	42
西藏信托	8.20	18.42	21.88	19.01	67.50	43
国通信托	11.73	17.00	21.41	17.32	67.44	44
渤海信托	18.94	1.17	29.34	16.39	65.84	45
杭工商信托	7.17	14.07	26.28	16.72	64.24	46
东莞信托	8.39	2.95	30.51	20.64	62.45	47
浙金信托	6.61	8.73	27.62	17.00	59.96	48
国联信托	9.21	17.82	11.88	20.64	59.55	49
北方信托	7.29	13.98	13.04	18.55	52.85	50
华融信托	8.50	18.95	17.24	7.78	50.94	51
华澳信托	7.43	13.72	15.54	14.26	50.94	52
金谷信托	6.60	5.49	21.12	16.74	49.94	53
华宸信托	1.76	4.52	28.09	14.00	48.37	54
大业信托	4.91	6.91	16.60	17.61	46.02	55
中泰信托	6.27	4.15	13.45	11.40	35.28	56
山西信托	3.34	2.10	15.47	11.28	32.19	57
长城信托	1.46	−3.77	19.40	13.64	30.74	58
中海信托	7.16	−34.05	28.18	17.84	19.13	59
民生信托	12.06	−55.00	34.54	7.91	−0.49	60
安信信托	7.22	−24.29	34.73	−20.74	−3.08	61
国元信托						
华信信托						
吉林信托						
四川信托						
新华信托						
新时代信托						
雪松信托						

2022 年 68 家信托公司—注册资本排名（截至 2022 年 7 月）

信托公司	2022 年	排名	2021 年	排名	变化	增资方式
重庆信托	150.00	1	150.00	1	0	
中融信托	146.68	2	120.00	4	2	股东持股转增
五矿信托	130.51	3	130.51	2	-1	
平安信托	130.00	4	130.00	3	-1	
中信信托	112.76	5	112.76	5	0	
华润信托	110.00	6	110.00	6	0	
建信信托	105.00	7	105.00	7	0	
昆仑信托	102.27	8	102.27	8	0	
兴业信托	100.00	9	100.00	9	0	
陆家嘴信托	90.00	10	90.00	10	0	
江苏信托	87.60	11	87.60	11	0	
光大信托	84.18	12	84.18	12	0	
外贸信托	80.00	13	80.00	13	0	
民生信托	70.00	14	70.00	14	0	
华信信托	66.00	15	66.00	15	0	
中航信托	64.66	16	64.66	16	0	
华能信托	61.95	17	61.95	17	0	
新时代信托	60.00	18	60.00	18	0	
华鑫信托	58.25	19	58.25	19	0	
交银信托	57.65	20	57.65	20	0	
安信信托	54.69	21	54.69	21	0	
上海信托	50.00	22	50.00	22	0	
中建投信托	50.00	23	50.00	23	0	
中铁信托	50.00	24	50.00	24	0	
中诚信托	48.50	25	24.57	50	25	股东增资
华宝信托	47.44	26	47.44	25	-1	
山东信托	46.59	27	46.59	26	-1	
爱建信托	46.03	28	46.03	27	-1	
财信信托	43.80	29	43.80	28	-1	
新华信托	42.00	30	42.00	29	-1	
国元信托	42.00	31	42.00	30	-1	
国通信托	41.58	32	32.00	41	9	股东增资
英大信托	40.29	33	40.29	31	-2	
百瑞信托	40.00	34	40.00	32	-2	
中原信托	40.00	35	40.00	33	-2	
陕西国投信托	39.64	36	39.64	34	-2	
粤财信托	38.00	37	38.00	35	-2	

信 托 公 司	2022年	排 名	2021年	排 名	变 化	增 资 方 式
厦门信托	37.50	38	37.50	36	−2	
渤海信托	36.00	39	36.00	37	−2	
四川信托	35.00	40	35.00	38	−2	
长安信托	33.30	41	33.30	39	−2	
紫金信托	32.71	42	32.71	40	−2	
华融信托	30.36	43	30.36	42	−1	
雪松信托	30.05	44	30.05	43	−1	
国联信托	30.30	45	30.30	44	−1	
西藏信托	30.30	46	30.30	45	−1	
浙金信托	28.80	47	17.00	56	9	股东增资
中粮信托	28.31	48	28.31	46	−2	
国投信托	26.71	49	26.71	47	−2	
华澳信托	25.00	50	25.00	48	−2	
中海信托	25.00	51	25.00	49	−2	
北京信托	22.00	52	20.00	51	−1	
金谷信托	22.00	53	20.00	52	−1	
大业信托	20.00	54	20.00	53	−1	
西部信托	20.00	55	20.00	54	−1	
天津信托	17.00	56	17.00	55	−1	
吉林信托	15.97	57	15.97	57	0	
杭州信托	15.00	58	15.00	58	0	
东莞信托	14.50	59	14.50	59	0	
山西信托	13.57	60	13.57	60	0	
万向信托	13.39	61	13.39	61	0	
苏州信托	12.00	62	12.00	62	0	
云南信托	12.00	63	12.00	63	0	
北方信托	10.01	64	10.01	64	0	
国民信托	10.00	65	10.00	65	0	
华宸信托	8.00	66	8.00	66	0	
中泰信托	5.17	67	5.17	67	0	
长城信托	3.00	68	3.00	68	0	
合计	3290.42		3218.43			
平均值	48.39		47.33			

数据来源:

https://mp.weixin.qq.com/s/ZfbK_tH9ugagiCF1OOMjpA,访问日期:2023-04-20

https://mp.weixin.qq.com/s/Boj3U0zB3VMcLWNZWwqahQ,访问日期:2023-04-20

二、功能篇
家族信托有什么功能

2022 年 10 月银保监下发的《信托业务分类新规》对家族信托所下的定义为："家族信托是指信托公司接受单一个人委托，或者接受单一个人及其亲属共同委托，以家庭财富的保护、传承和管理为主要信托目的，提供财产规划、风险隔离、资产配置、子女教育、家族治理、公益（慈善）事业等定制化事务管理和金融服务。"从上述定义我们可看出，家族信托有两大基础功能：财富保全和财富传承，家族信托的各具体功能都是围绕这两大基础功能而展开的。

32. 信托财产真的可以"欠债不还"吗？

经常有朋友问，只要设立了家族信托就可以欠债不还吗？答案当然是否定的。这句话本身就经不起推敲，"欠债还钱，天经地义"。欠债还钱不仅是道德要求，更是法律义务，没有任何一种工具可以用来逃避债务。当然，更严谨的表达应该是"合法设立的家族信托基于信托财产的独立性特征，在一定程度上可以发挥家庭资产隔离的作用"。

信托财产独立性是信托与其他金融工具的最大区别。如何理解信托财产的独立性特征呢？举个例子：王五拿出 1000 万元设立家族信托，这 1000 万元进入信托专户以后就不再属于王五的个人财产，既跟信托公司的固有财产相区别，又其他客户设立的信托财产相区别，信托公司要为王五设立一个信托专户，分别管理，分别记账。不仅如此，信托财产在分配给受益人之前，也不属于受益人的财产。所以王五用 1000 万元设立家族信托以后，万一将来面临债务风险，无论是王五的个人债务，还是王五给别人做担保的债务，抑或是王五需要承担的企业连带债务等，只要王五设立家族信托的目的合法、财产合法，这 1000 万元都不需要拿来还债，不会被法院强制执行。哪怕是王五将面临刑事责任被判罚金、没收财产，基于信托财产的合法性与独立性，也不会被没收。

当然，信托财产安全的前提是设立信托时，该债务风险尚未发生。如果王五在设立家族信托时已经"资不抵债"，那么其设立信托的目的就有规避债务之嫌，债权人可以王五设立信托的行为侵犯了其合法权益为由请求撤销信托或认定信托无效。

总之，合法设立的信托基于信托财产的独立性特征，具有强大的资产隔离功能，能够很好地防范和隔离债务风险、企业经营风险、政策风险等。

33. 哪些情形下，信托财产可能被强制执行？

家族信托具有家族资产隔离保护的功能，但是该保护力度在法律上是相对的，《信托法》第十七条规定，出现以下四种情形，信托财产可以被执行：

一、设立信托之前，债权人已经对该信托财产享有优先受偿的权利，并依法行使该权利的。

比如委托人用自己名下的房子设立家族信托，但在设立信托之前，该房子已向债权人做了抵押，此时委托人设立信托的行为可能会被认定为恶意转移财产逃避债务，损害债权人的利益，这时债权人凭生效法律文书可以申请法院对信托财产进行强制执行。

二、受托人处理信托事务所产生的债务，债权人要求清偿该债务的。

根据《信托法》第三十七条的规定："受托人因处理信托事务所支出的费用和对第三人所负债务，以信托财产承担。"因为债务是基于处理信托事务产生的，所以应该允许从信托财产当中来先行支付。

三、信托财产本身应担负的税款。

信托公司管理、处分信托财产时，可能会依法产生纳税义务，在实践中信托公司往往会与委托人在信托合同中约定当发生纳税义务时，其税款应当由信托财产承担。且纳税是法定义务，具有强制性，所发生的税费均可以直接从信托财产中被强制执行。

四、法律规定的其他情形。

这是一条兜底条款，为了防止法律的不周严及社会情势的变迁。随着社会的发展，当根据有关规定可以对信托财产强制执行的时候，应按照有关的法律法规执行。

案例："小三"信托案

2019 年 10 月 28 日，一件涉及家族信托不当得利的诉讼在武汉市中级人民法院拉开序幕。这场被称为"国内首例家族信托强制执行案"究竟是怎么一回事呢？

据武汉市中级人民法院揭露的相关资料，胡先生与杨女士系夫妻关系，胡先生婚内出轨张小姐（第三者），并与其生育非婚子张小小。胡先生婚内背着杨女士赠与张小姐 3080 万元，张小姐于 2016 年 2 月 5 日以自己的名义设立了《外贸信托·福字 221 号财富传承财产信托》（以下简称"221 号信托"）。该信托的初始信托财产为 3080 万元；委托人为张小姐，受托人为外贸信托，受益人为非婚生子张小小以及张小姐的父亲、母亲、舅舅和外婆总计 5 人。

杨女士以张小姐、胡先生为被告于 2019 年 10 月 28 日向武汉市中级人民法院提出不当得利纠纷之诉，并向法院申请财产保全。在法院进行财产保全过程中，张小姐与信托公司签订《信托受益人变更函》，将家族信托的受益人由先前的 5 人变更为张小小 1 人，信托受益权由张小小 100% 享有。

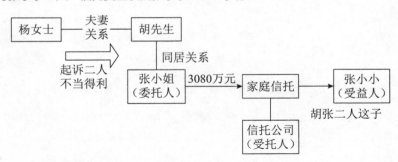

最终，武汉市中级人民法院裁定冻结、查封张小姐名下多个银行账户、多处不动产、一台车辆，并要求信托公司停止向张小姐及其受益人或其他第三人支付该家族信托的合同项下的所有款项及其收益。对此，张小姐和张小小先后向武汉市中级人民法院提出了执行异议。

针对"信托合同项下的所有款项能否冻结"的争议焦点，武汉市中级人民法院经过审理认为：本院在财产保全程序中，为避免委托人转移信托受益权或信托理财回赎资金行为，本院依杨女士的申请于信托期间内对案涉信托合同项下的所有款项进行了冻结，要求受托人信托公司停止向委托人及其受益人或其他第三方支付合同项下的所有款项，该冻结措施不涉及实体财产权益的处分，不影响信托期间内信托公司对女士的信托财产进行管理、运用或处分等信托业务活动，只是不得擅自将张女士的本金作返还处理，不属于对信托财产的强制执行。因此，本院上述保全信托合同项下资金不违反《中华人民共和国信托法》的相关规定，合法有效。

针对"信托合同项下的信托基金收益能否冻结"的争议焦点，法院认为：信托合同中的信托收益部分因本案系杨女士与张小姐的不当得利诉讼纠纷，本案不属于《信托法》第十七条第一款规定的四种情形。所以，案外人张小小对案涉信托合同项下的信托基金收益享有排除执行的权益，依法应中止对案涉信托合同项下的信托基金收益的执行。

34. 受益人领到的信托受益金，可以不用拿来偿还债务吗？

不可以。受益人基于受益人身份而领取到的受益金属于其个人财产，如果此时受益人需要偿还债务，则该笔财产将面临被执行的风险。

实操中，为了防范受益人领取到的受益金被用来偿还债务，委托人往往会在信托文件中约定："受益金领取的受益金不得用于偿还个人债务。"当然这样的约定是否具有法律效力，目前尚有争议。根据《信托法》第四十七条"如果受益人不能清偿到期债务时，可以将其信托受益权用于清偿个人债务，但法律、行政法规以及信托文件有限制性规定的除外"及《信托法》第四十八条"受益人的信托受益权可以依法转让和继承，但信托文件有限制性规定的除外"的规定，法律允许当事人通过信托合同进行限制性约定，受益人不得将信托受益权用来偿还个人债务。

但信托合同的约定，属于当事人内部约定。合同具有相对性，在合同当事人内部生效，而对外无法对抗依法行使债权的第三人。《信托法》虽然规定"信托文件有限制性规定的除外"，但笔者认为：信托受益权与已经领取到的受益金不同。受益权可以通过信托合同的约定不被执行，但是受益人已经通过实现受益权而领取到的受益金，已经属于其个人财产，债权人就有权申请执行该笔受益金。因此，基于风险管控更保险的做法是：出于对受益人将来可能面临债务风险考虑，可在信托合同中约定当受益人对外负有高额债务时，限制受益人领取受益金的额度或取消该受益人的受益权，仅可以领取基本生活费，待大额债务问题解除后方可恢复其受益权，以此到达保全信托财产的目的。

信托财产会被国家追缴吗?

如果用于设立信托的原始财产属于违法所得,那么信托合同无效,信托财产则会被追缴。

在热播电视剧《人民的名义》中,高小琴作为山水集团的董事长,用山水集团香港公司的 2 亿港币在香港设立家族信托,信托的受益人是她的儿子和外甥。后高小琴因犯行贿罪、非法经营罪,被判有期徒刑 15 年,没收个人财产 7 亿元,并处罚金 12 亿元。那高小琴入狱后,她为孩子设立的家族信托合法有效吗?资金到了香港就安全了吗?剧中高小琴发家于山水庄园项目,该项目积累的财产来源于非法活动:通过贿赂某官员,先将每亩原价值 60 万元的非商业用地以每亩 4 万元的价格买入,再把土地转为商业用地抵押给银行,换取 8000 万元银行贷款。而设立信托的原始财产正是来源于该项目非法所得。根据《信托法》规定,"信托目的违反法律、行政法规或损害社会公共利益",以及"委托人以非法财产或者本法规定不得设立信托的财产设立信托"的,信托无效。而且,我国《刑法》第六十四条规定:"犯罪分子违法所得的一切财物,应当予以追缴或责令退赔。"因此,高小琴设立信托的初始资金在设立时就有严重瑕疵,其所设立的信托将无效,应当予以追缴该信托财产。

中国香港地区法律规定,信托创立人在建立信托前须签订资金证明书,确保其资金源自合法途径。因此,不论信托是设立在中国内地还是中国香港,信托财产的合法性都是先决条件。

很多人认为,将非法所得藏匿于海外的离岸法域安全性强。其实,只要委托人放入信托的财产是非法收入,其所设立的信托就无效。而信托无效或被撤销,则信托财产不具备独立性,不产生资产隔离和转移的法律效果。

35. 信托财产真的可以"离婚不分"吗？

某种意义上可以这么理解。

总的来说，基于信托财产的独立性，当把拟设立信托的财产转入信托账户以后，信托财产不再属于委托人所有。当夫妻面临离婚财产分割时，家族信托中的信托财产不属于共同财产，不会被分割。

当然，如果夫妻作为信托的受益人，有权根据信托合同分配条款的约定，享有相应领取受益金的权利。

但是，不要忘记我们前面所说的，有配偶者设立家族信托时，要么需要取得配偶的同意，要么确保信托财产系其个人财产，否则配偶可以以其无权处分夫妻共同财产为由撤销该信托。所以此处所说的家族信托"离婚不分"的前提是家族信托设立时是合法有效的。

具体来说，家族信托实现婚姻财富规划主要有以下三种路径：

一、在婚前设立家族信托，防范婚变导致分割个人婚前财产的风险

个人在婚前以个人财产设立家族信托，使财产的所有权发生转移，实现婚前婚后财产隔离，防范婚姻风险。正如京东创始人刘强东早在2014 年京东赴美上市前，便将其在京东所持有的股权提前设立了家族信托。该部分股权由其设立的家族信托持有，股权的所有权及未来的股权增值均不属于刘强东直接所有。所以当刘强东与章泽天在 2015 年结婚时，刘强东已经不再直接持有京东股权，且在双方领证的前一天，京东发布的财报披露了刘强东在京东为期 10 年的薪酬计划和股权激励计划：在未来的 10 年内，刘强东每年基本工资为 1 元，也就是说其未来10 年的总工资收入为 10 元。刘强东在婚前的一系列操作，有效防范将来可能发生的婚姻风险及债务危机。

二、在婚内设立家族信托，防范婚变导致分割夫妻共同财产的风险

夫妻双方在婚内拿出共同财产设立家族信托，同时作为信托受益人，离婚时该部分财产不作为共同财产分割。这既不存在被对方转移的风险，又可作为受益人领取受益金。尤其是对并不掌握家庭财产信息的家庭主妇而言，如果丈夫同意拿出家庭财产来设立家族信托，一方面可以保全家庭财产；另一方面也可以为自己日后生活提供持续性保障。

三、在儿女婚前设立家族信托，防范儿女婚变导致家族财产外流的风险

婚姻关系的变化必然会带来财产被分割的风险。我们国家婚姻财产制度实行"法定＋约定"相结合的财产制。法定即为法律规定哪些财产属于共同财产。根据《民法典》的规定，结婚之后所取得的财产，原则上都属于夫妻共同财产。这也包括配偶一方通过父母继承到或者受赠所取得的财产。当然，法律也给了我们自行约定的权利，并且在法律上有个原则叫"约定大于法定"，即有约定按约定，没有约定就按照法律规定执行。所以，父母可以通过家族信托合同的特别约定给予子女财富支持，比如在信托合同中约定"子女取得的信托利益属于其个人财产，与其配偶无关"。

36. 为什么家族信托被誉为"来自天堂的爱"？

中国有句俗语"家家都有难念的经"，而今家家也都有财富传承的问题。尤其是掌握财富越多的人，对传承安全性的需求越高，面临的传承风险就越大。比如有传承给多个受益人的个性化需求，希望照顾到更多的家庭成员，同时防止子女挥霍、败家，激励子孙后代等。而信托在诞生之初，就是为了解决财产的转移、继承问题，因此在财富传承方面，信托有着其他传承工具无可比拟的优势。不仅可以实现物质财富的传承，还可以实现精神财富的传承。通过自由、灵活地设计信托条款，帮助委托人按自己的意愿安排财富传承，避开复杂的法定继承或遗嘱继承程序，最大限度地按照自己的意愿，把财产无争议地给到自己想给的人。

可以有更多的受益人

相比于其他财富传承工具，家族信托的受益人范围更广，可以照顾到更多的人。目前公认的财富保全、传承的金融工具主要有两个，人寿保险和家族信托，人寿保险的受益人范围相对较窄，一般只能是被保险人的配偶、父母和子女，而家族信托的受益人不仅可以是委托人的血亲、姻亲，也可以是其他近亲属，甚至还可以是家族中尚未出生的人。由此可见，家族信托的受益人范围非常广泛的。

可以给受益人更多的照顾

设立家族信托最常见的目的是照顾家庭成员。通过家族信托，委托人可以用一笔专款（信托财产）来保障家庭成员更好的生活，比如未成年子女的成长、老人的养老、残疾家人的日常生活、家庭成员的重大疾病、医疗费用开支等。同时，家族信托在管理上还具有连续性。只要信托财产尚在，信托目的尚未实现且能够实现，则信托公司就能继续进行管理，直到实现信托目的或发生合同约定的信托终止情形为止。

　　正因为这样，家族信托被誉为"来自天堂的爱"。

37. 为什么家族信托被称为"坟墓里伸出来的手"？

在设立家族信托的时候，委托人可以在合同条款中附加各种条件和时间期限，只有满足这些条件时，受益人才能获得分配的信托财产和收益。比如，受益人在 18 周岁之前，每年仅能享受较低标准的基本生活费；当受益人考上大学或攻读硕士、博士的时候，可获得不同金额的奖学金、教育金；在受益人结婚、生子的时候，可得到祝福礼金。而且，不仅可以正向激励，还可以反向约束其负面行为。比如，受益人一旦有吸毒、赌博行为或被采取刑事强制措施，取消其除基本生活费外的所有信托受益权。或者说某个子女现在已养成浪费成性、挥霍无度的坏习惯，委托人可以在信托合同中约定按期支付生活费，除此之外，信托受益权不可转让，不得用于清偿受益人债务等。通过正向引导和反向约束，实现物质财富和精神财富双传承，实现财富传承的同时还能身后控制财富，这就是信托强大的传承功能，因此也被称为"坟墓里伸出来的手"。

综上，家族信托的两个传承优势：一是可以给到更多的人更多的照顾，所以被称为"来自天堂的爱"；二是物质、精神财富双传承，身后还能控制财富分配，因此被称为"坟墓里伸出来的手"。

38. 若将来开征遗产税，
家族信托能否实现税务合规安排？

家族信托具有一定的税收筹划功能，但不能把家族信托曲解为避税工具。信托财产具有独立性，委托人身故后该信托财产不属于委托人的遗产，即使我们国家将来开征遗产税，该信托财产无需缴纳遗产税。但是，委托人生前设立的家族信托其本质上是一种对受益人赠与信托利益的行为，因此可能将面临赠与税以及受益人去世后，其获得的信托利益发生继承时的税费问题。尽管如此，在遗产税的筹划中，家族信托仍然具有非常重要的作用，主要体现在三点：

一、通过家族信托实现受益人赠与税的递延缴纳

由于家族信托一般设立期限较长，一定期间内并无分配需求，因此可以通过调整受益人获得信托利益的时间节点和获得分配信托利益的频率，帮助受益人延迟缴纳赠与税，从而避免受益人因一次性获得大量财产而缴纳巨额税款。

二、规避代际传承之间的遗产税

虽然家族信托并不能同时规避遗产税和赠与税，但家族信托往往以财富传承为目的，其存续期限一般都会持续三四代人，甚至更长，因此可以较好地规避代际传承之间的遗产税。

三、赠与税免税额度内无须缴纳赠与税

初始信托财产金额可以设置在赠与税免税额度内，此时委托人在设立家族信托时无须缴纳赠与税。当然，信托财产在经过若干年的投资管理后，若大幅增值其可能会超过赠与税的免税额度，则超过部分需要缴纳一定的税款。

39. 家族信托可以实现跨境传承规划吗？

可以。

通过不同的信托架构安排可以实现跨境财富传承规划目的，尤其在税收规划方面具有重要作用。我们以加拿大籍受益人为例，若中国父母辈想将财富传承给加拿大税籍的后代，在不进行规划情况下将面临高额税负。因为加拿大实行全球征税制，征收范围包括加拿大税收居民所获得的世界范围内的收入，并且实行双重税收制（即中央联邦个人所得税最高需缴纳 33%，地方个人所得税最高需缴纳 21%，合计最高税率高达 54%）。

面对加拿大的双重税负，可以通过在境内设立"祖母信托"构架的家族信托实现低税率的跨境传承。祖母信托（Granny Trust），是指由非加拿大税务居民作为委托人，加拿大税务居民作为受益人，在加拿大境外设立的非加拿大税务居民信托。祖母信托主要有三个特征：由非加拿大税收居民设立、信托的管理与控制活动发生在加拿大境外、信托存续期间，信托财产始终不能来自于加拿大税收居民。

加拿大将信托分为居民信托和非居民信托。居民信托需要缴纳双重税收——联邦所得税和地方所得税；与之相反，非居民信托免缴这两项所得税。祖母信托之所以能够帮助委托人家族实现税务筹划的功能，是因为它不属于加拿大居民信托，据此可享受非居民信托的税务优惠。

具体在中国境内设立"祖母信托"架构为：以中国国籍的父母作为信托委托人，以加拿大税籍的后代作为受益人，在中国境内设立家族信托。通过此架构，可以使受益人取得受益时免缴联邦所得税和地方所得税，最大程度降低加拿大籍后代受益人从中国境内获得财富的税务成本，起到跨境财富传承的税务规划作用。

我国境内首单涉及加拿大受益人的大额"祖母信托"由长安信托设计并于 2021 年 8 月落地，有效实现了跨境财富传承规划。

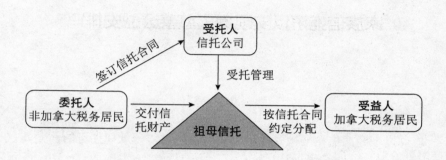

40. 家族信托可以实现家族慈善公益安排吗?

可以。

具体如何实现呢?理论上,可设立以家族财富传承为主要目的、兼具慈善公益目的的家族信托,即直接将慈善组织作为受益人之一,以实现家族慈善公益目的,但慈善组织在获得受益金时本质上是获得捐赠,并未发挥信托在慈善中的特别作用,此方法并未被广泛使用。目前,信托公司主流做法是"家族信托 + 慈善信托"的双层架构,即企业家可先分别设立家族信托、慈善信托,再将慈善信托设为家族信托的子信托,慈善信托的资金来源于家族信托项目下的可分配收益。委托人可以在家族信托文件中约定每年分配至慈善子信托的金额,也可以由家庭核心成员担任决策委员,决定每年分配给慈善信托的金额。该信托模式同时兼顾了家庭成员的利益,又能达到慈善公益、回馈社会的目的。

41. 放入家族信托的财产会产生收益吗?

是否会产生收益、产生多少收益,关键在于委托人是否将信托财产用于投资以及选择哪种类型的管理模式。目前常见的信托财产管理模式有三种:全委托模式、半委托模式、咨询顾问模式。

一、全委托模式

信托公司根据委托人的风险承受能力、期望收益率、信托分配方案等需求,按照信托文件约定的投资范围、投资策略、投资限制等,由受托人全权决定信托财产的投资策略和产品配置。该模式的特点是,需要委托人高度信任受托人的专业能力,投资收益的高低完全依赖于受托人的投资管理能力,委托人不需要在信托财产的管理上花费时间和精力。

二、半委托模式

信托公司根据委托人的需求,提出投资建议和具体的产品配置方案,由委托人进行决策,且每个产品的投资配置都需要委托人发出投资指令。半委托模式的特点是,在每个产品配置前,委托人都会看到投资产品说明书和具体的投资建议。但实践中,大部分委托人本身不具备专业能力,无法甄别产品的优劣,会在管理投资产品、决策投资方案上耗费大量的时间及精力。

三、咨询顾问模式

如果委托人有信赖的专业投资者(机构),可以选择聘请第三方作为投资顾问,让其单独提出投资意见,在保证信托目的能够实现的前提下,自行对信托财产进行投资决策。该模式的特点在于,委托人可以更灵活地根据需要选择市场上的专业投资机构。

总之,放入家族信托的财产能产生多少收益依赖于如何对信托财产进行管理。无论是选择全委托模式还是半委托模式,抑或是咨询顾问模式,都需要根据委托人对风险的判断、投资偏好来进行决策。

42. 将信托财产进行投资理财，会不会亏损呢？

可能会。任何投资都有风险，信托财产在投资过程中当然也会存在亏损的风险。

信托财产投资可能存在的风险

行业风险：根据信托资金投向不同的行业，行业市场的变动会产生相关风险。比如房地产市场风险、证券投资市场风险、消费金融市场风险等。

经营风险：因信托计划所投资的公司经营不善而产生的风险，比如收益下降、亏损本金等。

利率风险：信托产品收益可能会受到银行存款利率、贷款利率以及货币市场的影响。

政策风险：财政政策、产业政策和监管政策等国家政策都有会对市场产生一定的影响，从而产生风险。

信托投资建议

（1）选择信誉度高、合法合规的信托公司。

（2）在做信托财产投资配置方案时，尽量选择投资稳健的、风险较小的信托产品，这样信托财产的投资可以每年带来稳健的收益。

（3）可以限制投资的产品以及比例，比如只投资国债、不能投资股票和权益类产品或者投资比例不能超过 10% 等限制。

（4）定期对信托公司选择的信托产品进行查看，一旦发生风险，及时止损；同时监督信托公司的管理与执行。

43. 信托受益人领取受益金要不要缴个人所得税呢？

目前不需要。

我国实行税收法定原则，现行的个人所得税采用分类征税模式，个税法规定需要缴纳个人所得税的类别有九大类。如果信托受益人作为自然人取得的所得不能被归入下列九类需纳税项目中，就不用缴纳个人所得税。根据《个人所得税法》第二条规定："应当缴纳个人所得税的个人所得包括：（一）工资、薪金所得；（二）劳务报酬所得；（三）稿酬所得；（四）特许权使用费所得；（五）经营所得；（六）利息、股息、红利所得；（七）财产租赁所得；（八）财产转让所得；（九）偶然所得。"在家族信托里，受益人为自然人，考虑到信托收益的被动性特征，从取得的性质上来看，较为接近的类型为：第（六）款"利息、股息、红利所得"或第（九）款"偶然所得"，那究竟能不能据此征收个人所得税呢？目前不能。理由如下：

（1）根据《个人所得税法实施条例》的相关规定，利息、股息、红利所得，是指个人拥有债权、股权等而取得的利息、股息、红利所得。利息一般包括存款利息、贷款利息、各种债券利息以及垫付款、延期付款等项利息；股息、红利系公司、企业的分红。据此不能直接得出可以将信托利益归入第（六）款"利息、股息、红利所得"的结论。

（2）根据《个人所得税法实施条例》的相关规定，偶然所得是指个人得奖、中奖、中彩以及其他偶然性质的所得。可见，偶然所得指的是不可预见的偶然性的收入。然而家族信托受益金是可以预见的，且在符合信托合同领取条件的情况下，受益金是固定的、可长期领取的。据此不能直接得出可以将信托利益归入第（九）款"偶然所得"的结论。

（3）从税务部门的实践来看，税务部门尚未用行政解释权对信托财产收益、信托受益金进行定性。因此，受益人取得的信托受益金暂时无须申报缴税，税务部门目前也不会对此进行税收征管。而同样基于这一原因，信托公司在向自然人受益人进行信托财产受益金分配支付时，一般也不会进行个人所得税的代扣代缴。

44. 信托公司会不会破产呢？

可能会破产，但不会轻易破产。原因如下：

信托公司的设立门槛极高，需要符合复杂的设立条件和经过严格的审批程序。包括但不限于：

（1）注册资本为一次性实缴货币资本，最低限额为 3 亿元人民币；

（2）出资人必须是经过银保监会认可的境内外金融机构、非金融机构或其他出资人；

（3）必须具有健全的公司治理结构、组织机构、管理制度、风险控制机制和投资者保护机制；

（4）必须建立与业务经营和监管要求相适应的信息科技架构，具有支撑业务经营的必要、安全且合规的信息系统，具备保障业务持续运营的技术与措施，以及中国银保监会规定的其他各种审慎性条件。

极高的设立门槛是信托公司安全性保障的根本前提，也为信托公司不会轻易破产奠定了坚实的基础。

信托公司经营稳健，抗风险能力较强

（1）穿透追溯实际控制人来看，目前正常营业的 68 家信托公司当中，中央政府控股 26 家，地方政府控股 27 家，合计占比近 80%，大多数信托公司拥有较强的股东资源和较高的品牌美誉度。

（2）信托公司资本实力较为雄厚，根据中国信托登记有限公司官网数据显示，截至 2022 年 5 月 25 日，已有 61 家信托公司陆续披露完本信托公司的 2022 年度报告，据统计百亿及以上净资产的信托公司共有

21 家，信托公司抵御风险的能力较强。

（3）作为持牌非银行金融机构，信托公司内部治理机制要求严格，且受到银保监会等多方外部监管机构的监督管理，因此合规稳健经营也成为了信托公司受托责任履行、受益人权益保障的坚实基础。同时，信托公司内部也有一套严密的风险控制体系，以保障公司合法合规运营。

45. 万一信托公司破产，我的信托财产还安全吗？

安全。理由如下：

家族信托的信托财产不作为破产清算财产

《信托法》第十六条规定："信托财产与属于受托人所有的财产（以下简称固有财产）相区别，不得归入受托人的固有财产或者成为固有财产的一部分。受托人死亡或者依法解散、被依法撤销、被宣告破产而终止，信托财产不属于其遗产或者清算财产。"

《信托法》第二十九条规定："受托人必须将信托财产与其固有财产分别管理、分别记账，并将不同委托人的信托财产分别管理、分别记账。"

《全国法院民商事审判工作会议纪要》第九十五条规定："受托人因承诺信托而取得的信托财产，以及通过对信托财产的管理、运用、处分等方式取得的财产，均独立于受托人的固有财产。"

根据信托公司所管理的财产属性，信托公司的财产可分为信托公司的固有财产、信托公司受托管理的信托财产。这两部分财产相互独立，确保信托财产不因信托公司面临经营风险而受到影响。

当信托公司面临破产，委托人或受益人、监察人可以变更受托人，将信托财产交付给新的信托公司

《信托法》第三十九条第（四）款规定："依法解散或者法定资格丧失……受托人职责终止时，其继承人或者遗产管理人、监护人、清算人应当妥善保管信托财产，协助新受托人接管信托事务。"

《信托法》第四十条规定："受托人职责终止的，依照信托文件规定选任新受托人；信托文件未规定的，由委托人选任；委托人不指定或者无能力指定的，由受益人选任；受益人为无民事行为能力人或者限制民事行为能力人的，依法由其监护人代行选任。原受托人处理信托事务的权利和义务，由新受托人承继。"

由此可见，如果信托公司依法被撤销或被宣告破产的，可以由信托文件指定的信托机构担任新的受托人，继续执行信托事务，直到信托目的实现才终止。如果信托文件对该问题没有约定的，由委托人选任；委托人已去世，则由受益人选任。

46. 银行、保险、证券都有行业保障基金，信托也有吗？

有的。

银行、证券、保险、信托作为国家的四大金融支柱，其行业安全至关重要，因此都有极严格的制度保障。保险业有保险保障基金，证券业有投资者保护基金，银行业有存款保险制度。2014 年底，在原中国银监会和财政部的推动下，《信托业保障基金管理办法》开始施行。2015年 1 月，中国信托业保障基金有限责任公司成立。信托业保障基金设立以来，对于促进行业稳定发展发挥了积极作用。当然，在实践中也面临一些新的问题和挑战。为更好发挥基金化解和处置行业风险的功能，中国银保监会商财政部对《信托业保障基金管理办法》（银监发〔2014〕50 号）进行修订，形成了《信托业保障基金和流动性互助基金管理办法（征求意见稿）》（以下简称《办法》）。

新《办法》主要修订内容如下：一是优化基金筹集机制；二是明确基金定位和使用方式；三是强化道德风险防范。

总之，上述法律文件的发布，促进了信托业稳健运营和高质量发展，更好地发挥基金化解和处置行业风险的积极作用，更有效地防范道德风险，更充分地保护信托受益人合法权益。这使得信托业无论是在监管层面、法律层面还是制度层面上，都能得到切实充分的保障。

47. 受益人去世后，未领取的信托财产如何处理？

此时如果信托合同有约定的，按照合同约定执行；信托合同没有约定的，同时该受益人是本信托唯一受益人的，则信托终止，信托财产归受益人的法定继承人所有。

通常信托合同会有一个"兜底受益人"的设计，比如会在信托合同中约定，如果受益人都去世了，信托账户里剩余的信托财产，将由合同中约定的兜底受益人来领取。兜底受益人一般为原信托受益人的法定继承人。

48. 家族信托是完美的财富管理工具吗?

与其他的财富管理工具相比,家族信托优势明显。但在我国发展过程中其本身仍存在一些局限。

国内家族信托起步晚、门槛高

2018 年,37 号文件才首次对家族信托进行了定义,同时规定了家族信托的财产金额或价值不得低于 1000 万元,如招行和平安信托分别以 3000 万和 5000 万人民币为起点设立家族信托。这对于我国大部分公民来说,设立家族信托的标准比较高。

国内家族信托的债务隔离功能受限

《信托法》第十二条规定:"委托人设立信托损害其债权人利益的,债权人有权申请人民法院撤销该信托。

人民法院依照前款规定撤销信托的,不影响善意受益人已经取得的信托利益。

本条第一款规定的申请权,自债权人知道或者应当知道撤销原因之日起一年内不行使的,归于消灭。"

如果委托人设立的家族信托存在损害债权人利益的情况,债权人有权要求人民法院撤销该信托,但善意受益人已经取得的信托利益并不会因此被撤回。

国内信托制度亟待完善

家族信托在境外是很成熟的金融工具，其分工细致，可根据每个客户的不同需求来决定家族信托计划的架构、收费标准和服务内容。

国内家族信托目前正处于快速发展阶段，同时相关配套的信托法律制度仍需要完善，比如关于不动产、股权类装入家族信托而发生的非交易型过户登记制度亟需法律规定。

三、设立篇

家族信托如何设立

49. 设立家族信托有哪些流程？

家族信托与其他金融产品有很大的区别，从严格意义上说，家族信托本质上并不是标准化的产品，而是一种法律架构安排，是家族规划的顶层设计。客户无法直接从银行或者信托公司中"买"到家族信托产品，而是通过灵活设计个性化的方案来获得信托财富管理服务。在这个过程中，可能需要银行、信托、法律、财税等领域的专家共同参与。一般情况下，信托公司设立家族信托需要经过以下六个步骤。

第一步，了解和分析客户需求

（1）了解客户主要目的

通过客户的基本情况，快速识别客户可能存在的风险，了解客户设立家族信托的目的：是财产的隔离保护，是子女的婚姻财富规划，还是财富代际传承？分析客户的这些需求能否得到满足。

（2）梳理财产

梳理客户的各类财产，分析可能存在的风险，并提供解决方案。拟转入信托的财产类型，比如薪金收入、股东分红、投资收入、房租收入等。提供资金的合法来源证明和完税证明，同时该资金还要符合《反洗钱法》的相关规定。

第二步，尽职调查

尽职调查简称尽调，又称谨慎性调查，是信托设立过程中的重要环节。具体操作为信托合同各方达成初步意向后，经协商一致，信托公司围绕客户及信托相关的各类事项开展的现场调查、信息收集、资料分析等一系列活动。服务经验较为成熟的信托公司一般会直接把尽职调查材料清单给到客户，让客户按要求提供相关的材料。信托公司据此了解客户从事的行业及过往工作经历，家庭成员基本信息，包括国籍、税务居民身份、工作或学习情况、婚姻及子女情况以及客户对外是否有大额负债等。通过进行详尽的尽职调查，确保信托行为合法有效。

第三步，设计信托方案

在完成尽职调查后，信托公司要为客户设计信托方案。

设立家族信托的核心问题：对财产所有权、控制权、受益权三种权利的安排，它包括确定委托人、受益人、信托期限、初始信托财产金额，信托利益分配安排，是否设置监察人等。经验丰富的信托公司会根据以往服务客户的经验，将常见的信托财产投资方案和分配条款模块化，制定出《家族信托意向书》，由客户勾选模块。如果客户有特殊的需求，信托公司再补充定制条款。这样可以有效节约客户的时间、细化客户的需求。之后根据客户填写的《家族信托意向书》，信托公司设计出信托合同初稿，并向客户说明可能产生的费用。

第四步，确定并签订信托合同

信托方案完成以后，信托客户经理会根据客户的特殊需求进一步修改信托合同。当然，如果涉及较复杂的安排，比如委托人和受益人有跨境身份，需要设计特殊条款和进行税务规划，此时就需要引入外部律师和税务师，律师和税务师会针对不同家族信托的法律架构，出具不同的法律意见书和税务规划方案，或者由律师直接来拟订家族信托合同。接下来就是完成信托合同及其他文件的确认和签订。在签订信托合同时，如果委托人已婚的，夫妻双方应同时在场进行录音、录像签约；如果有监察人的，还需要监察人到场签约。签约的文件除了《信托合同》外，还有《个人税收居民身份声明文件》《配偶知情书》《风险声明书》等一系列相关文件。

第五步，信托资金划转

待家族信托合同签订以后，委托人需要把信托资金转入信托专户。

信托专户是指在签订信托合同之前，信托公司提前给客户在银行开设的托管账户，并向中国信托登记有限责任公司报备，进行预登记。

第六步，信托登记

2017年颁布的《信托登记管理办法》第三条规定："信托机构开展信托业务，应当办理信托登记。"据此，在完成资金划转之后，信托公司应该向中国信托登记有限责任公司进行信托初始登记工作，至此完成信托的设立。

以上就是整个家族信托设立的流程。如果信托公司给出的信托合同初稿能够满足客户的需求，那么从客户确认需求并提交尽职调查材料起，最快一个月左右便可完成信托的设立。如果客户有个性化安排，信托合同涉及复杂的条款设计，那设立的时间则相对较长，半年、一年乃至两年皆有可能。

50. 信托公司会从哪些方面开展尽职调查?

信托公司一般会从"人"和"钱"两个方面开展尽职调查。目前开展尽职调查采取的主要手段是分析证据材料。

关于委托人、受益人、监察人的相关材料

委托人相关材料包括：身份证明文件、委托人婚姻状态证明文件（未婚、已婚、离异或丧偶）、委托人银行卡、委托人最新个人征信报告。

受益人相关材料包括：受益人身份证明文件、受益人与委托人之间利益关系证明文件，如亲属关系的证明文件，包括出生证明、派出所开具的亲属关系证明等，受益人银行卡。

监察人资料相关材料包括：监察人身份证明文件，监察人与委托人关系证明文件。

关于信托财产的相关材料

（1）财产来源合法证明

如拟设立的是现金类家族信托，则需提供薪金流水、银行理财账户流水、企业分红流水、证券或基金投资记录等，有的信托公司还要求委托人提供工作履历、企业财务报表等证明文件。

如拟设立的是保险金信托，则需提供人寿保险合同、保险金信托意向书、保险合同受益人变更通知函等证明文件。

同理，如拟设立的是其他财产类型的家族信托，则提供该类型财产来源合法的证明文件。

（2）资金完税证明

拟设立信托的财产应该是完税的财产。过去普遍存在财务管理不规范的现象，致使很多客户无法就每一笔收入都能够提供完税证明。对此，信托公司目前进行该项尽调的要求相对宽松。但是，制度和监管都要经历一个渐进发展完善的过程，伴随我国金税四期项目的落地实施，针对资金完税证明的监管和要求会愈发严格。

（3）非"资不抵债"的相关证明材料

只有在委托人的财产足以清偿其债务的情况下，才能将信托财产装入家族信托。防范设立信托的行为被法院认定为恶意逃避债务、转移财产的情形，导致信托被撤销或认定无效。例如：对外债务5000万元，而委托人仅有3000万元的资产，委托人将这3000万元用于设立家族信托，那么设立信托的行为极有可能被认定为恶意逃避债务、转移财产，最终被法院撤销或认定无效；反之，对外债务3000万元，委托人合法资产有5000万元，那么至少2000万元的差额是属于安全资产，可以用于设立家族信托。因此，建议在设立信托之前聘请专业机构对家庭资产负债情况进行评估，以确保置入家族信托的财产属于安全资产。

总之，信托公司在接受客户设立家族信托时，需要进行必要的尽职调查，了解客户设立家族信托的真实目的，核实信托财产的来源是否合法，是否符合反洗钱的相关规定。只有在踏入信托大门前完成严格审查，才能在进门之后让家族信托得到充分保护，防范家族信托被击穿的风险发生。

51. 我想瞒着配偶悄悄地设立家族信托，可以吗？

不可以。除非有非常明确的证据能够表明信托财产是委托人的个人合法财产，否则需要配偶知晓并同意。

根据《民法典》的规定，除双方另有约定外，婚后所取得的财产原则上属于共同财产，而夫妻双方对共同财产享有平等的处分权。任何一方未经对方同意，不得擅自做出超过家庭日常生活所需而处分财产的决定，否则对方有权请求法院确认该处分行为无效。而拟设立家族信托的财产一般是明显超出家庭日常生活所需的巨额资产，自然需要经过配偶的同意。因此，信托公司为了防范此类风险，通常在家族信托设立时要求委托人的配偶签署《配偶同意函》。

当然也存在例外情形——如委托人有明确的证据证明设立信托的财产是个人财产，则无须经过其配偶同意。比如用婚前的个人存款设立信托，经信托公司审核确认之后，则不需要委托人配偶同意。但实务中，由于很多人在婚前并未进行财产隔离规划，导致婚前财产与婚后财产混同，难以举证设立信托的财产是个人财产。所以，大多数信托公司基于审慎态度，依旧会要求委托人配偶签署《配偶同意函》。

信托小知识

目前各家信托公司的家族信托合同附件中，常用的《配偶同意函》的内容如下，供各位读者参考：

配偶同意函

致：

本人×××，身份证号码：××××××××××，系 xxx 号家族信托委托人××××的配偶。本人已经完全知悉和了解本人配偶拟委托贵司设立【2022×××】号家族信托（以下简称"本信托"）。

1. 同意由本人配偶作为信托委托人并独自行使相应权利义务，同意《【2022××××】号家族信托之信托合同》，合同编号：【××××××××】（以下简称"《信托合同》"）的各项约定。

2. 在本信托运行过程中由本人配偶作为信托委托人按照信托文件的约定处理与本信托有关的一切事宜，但不限于以夫妻共有财产追加信托财产、变更信托文件、调整信托财产管理运用方式、调整信托方案等事宜，本人认可并愿意承担由此产生的一切风险和损失，本人无权也不会向贵司主张任何权利、权益。

3. 本人确认，如本人在信托期限内死亡，则届时信托财产不属于本人遗产范围。如发生离婚等导致本人配偶与本人需分割共同财产情形时，本人同意本人配偶仍为本信托项下委托人，同意届时仍按照信托合同的约定确定受益人及信托方案。

4. 本人已仔细阅读并完全理解本同意函及《信托合同》，尤其是风险提示条款，充分了解并清楚知晓本信托的投资风险，并愿意承担一切风险。本同意函为不可撤销的和不可变更的同意和确认。

5. 本同意函于本人签名之日起生效。本同意函一经生效，即构成对本人合法的、有效的和有约束力的义务。

本同意函构成《信托合同》不可分割的组成部分。如无相反约定，本同意函中的词语和简称与《信托合同》所定义的相同词语和简称，具有相同的含义。

委托人配偶（签名）：

年　　月　　日

通过对《配偶同意函》的分析，我们发现该函件是以委托人配偶放弃权利为前提。虽然各家信托公司出具的《配偶同意函》形式不同，但内容上大体一致，基本包括：知情并同意配偶（委托人）设立家族信托；同意放弃相关财产权利。这种安排损害了委托人配偶的合法权利，他们常因担心丧失对共同财产的处置权而拒绝签署同意函，导致家族信托无法成立。为了杜绝类似情况发生，实操中方法各异：有个别委托人选择先用部分资金来购买短期投资理财产品，到期赎回时直接作为信托财产，欲借此证明拟设立信托的财产是个人财产，或凭借与信托公司多年业务合作关系与信托公司协商达成合意，促使信托公司不要求其必须提供《配偶同意函》或其他类似文件；还有的委托人则把夫妻共同财产赠与父母，由父母设立家族信托等。这些做法表面上绕过了《配偶同意函》的签署，但本质上均属于无权处分夫妻共同财产的行为，若事后并未得到配偶追认，则该单方处分行为无效。对此，委托人配偶可以请求法院认定：委托人将夫妻共同财产装入信托的行为无效，要求信托公司返还信托财产，从而影响信托设立的有效性。因此，若未能以合法有效的方式处置夫妻共同财产，则可能对家族信托的有效性产生影响。

鉴于此，以夫妻共同财产设立家族信托必须取得夫妻双方的一致同意，可以考虑按照以下三种方法来处理上述问题：

第一，通过《配偶同意函》设立特别条款来约定或安排配偶的权利。比如：委托人每次变更受益人或变更信托利益分配条件等内容，均需其配偶同意并另行出具相应的文件。

第二，设立不可撤销信托，同时将配偶一方设为信托监察人。设立不可撤销信托意味着哪怕将来发生婚变，也能够依照原信托合同的约定得到相应的保障；配偶一方设为信托监察人，保障自己权益的同时行使监督权，一举两得。

第三，通过财产约定给予配偶更多的保障。在签订《配偶同意函》后，委托人及其配偶另行签订其他保障性协议。委托人可将等价房产、动产等其他夫妻共有财产，以约定分配或者附条件赠与的形式分配给配偶。这些保障性的安排，一方面可以从情感上抚慰配偶，减少配偶对放弃共同财产的担心和不满，进而避免将来双方争议的可能。另一方面，这样整体上"有得有失"的财产安排更容易被法官定性为约定共有财产分配方式，可以在很大程度上降低配偶在司法层面上诉争信托财产的胜诉可能性，从而达到家族信托稳定的效果。

52. 我应该选择标准版家族信托
还是定制版家族信托呢?

很多信托公司从产品层面推出标准版和定制版家族信托。标准版家族信托的方案即采用标准化设计,通常采用统一的标准信托合同模板,不允许客户对合同条款有太多的调整空间。而定制化家族信托则会根据客户的特殊需求,对信托合同条款进行个性化的定制,满足多元化、个性化的传承需求。

标准版家族信托

标准版家族信托主要有以下特征:一是采用统一的标准信托合同模板;二是客户可填选内容通常包括委托人信息、受益人及顺位安排、信托利益分配方式、管理模式等条款;三是客户认可信托合同,即可签约设立家族信托。标准版家族信托的起点金额通常低于定制版的家族信托,信托利益分配方式相对简单固定,协议内容相对简化。实践中,标准版家族信托因设立起点相对较低,成为了大多数客户优先选择的类型,占比优势明显。

定制版家族信托

除标准版家族信托外,部分信托公司根据高净值客户的特殊需求,推出定制版家族信托服务。定制版家族信托的优势在于能够针对委托人家族特性制定最优的解决方案。以信托利益分配为例,可灵活设计家族信托分配条款,兼顾个性化与多元化。比如子女年幼或不具备财富管理能力的情况下,可设定获取条件为按月领取,并在上学、求职、结婚等关键节点上有规划的领取；另外还可设置其他附条件的领取条款，以此来有导向性地对子女进行激励。在设置受益人时，可以是配偶、直系亲属，也可以是有亲戚关系的旁系亲属；甚至可以是尚未出生的后代亲属。定制版家族信托还能够设计调整机制，从而预留足够的调整空间。家族企业、家族成员的情况、委托人的诉求等皆可能随着时间推移发生变化，委托人可设定其在一定范围内有权对信托条款进行调整。每一个定制版家族信托都是一项宏大的工程，须从分配与实现、投资与制衡、保护与救济、沟通与响应四个层面进行有效安排。实践中，定制版家族信托往往涉及复杂的架构安排，因此起点金额远高于标准版家族信托，目前主要适用于个性化财富管理需求更高的高净值群体。

综上，标准版家族信托与定制版家族信托各有其优劣势，客户可根据自身实际情况选择能够满足家庭财富管理需求的类型。

53. 家族信托在设立和
存续期间可能会产生哪些费用?

设立手续费

家族信托在设立之初,委托人需要一次性付给信托公司一笔信托设立费。不同的信托公司收费标准亦不同,一般为5000~50000元不等,收费主要根据信托目的和信托合同复杂程度来确定。当然也有一些信托公司为拓展市场、吸引客户,只要不涉及复杂的定制条款,会给客户减免设立手续费。

信托管理费

在信托运作期间,信托公司对信托财产进行专业化投资管理,委托人需要支付管理费用,信托公司以信托财产金额为基础按比例每年收取管理费。该管理费一般按日计算,每季度、半年或每年从信托财产中扣取。年度固定信托管理费一般在信托财产规模净值的0.3%~1.5%之间,有的信托公司每年提取的固定管理费较低,但是会约定在信托财产进行投资理财获得的收益部分超过一定比例以后,对该收益部分进行提成。比如信托公司划定一个3%的及格收益线,假如今年的信托财产年化收益率超过了3%,信托公司就会对超出及格线的收益部分进行提成,提成比例从20%~40%不等。这种报酬方式的优点在于:信托公司和委托人构成利益共同体,信托资产的收益越高,信托公司获得的利益也会越高,充分发挥激励作用。

第三方机构顾问费

设立家族信托是一项极具专业性的事务，通常需要第三方机构参与进来。如聘请财务顾问机构为家族信托提供财务投资顾问服务，则财务顾问会收取财务顾问费。又如聘请律师提供法律意见、审查和修改信托合同、设计和变更信托利益分配条款；聘请税务师进行税务规划；聘请会计师事务所进行审计等。委托人均需向第三方机构支付咨询服务费。

资产运用手续费

信托财产进行投资过程中产生的费用，包括但不限于手续费、认购费、申购费、赎回费、过户费、结算费、解约费等费用。这些费用在受托人对外投资时从信托财产中予以扣除。

银行托管费

如委托银行进行信托资金保管，则可能会产生托管费用。

相关税费

目前针对家族信托的税务相关规定暂不完善，例如用非资金类资产如不动产设立家族信托的，可能面临增值税、土地增值税、契税、房产税等税费问题。

除以上费用外，可能还会涉及受托人在管理、处分信托财产时发生的其他费用，该类费用一般会在信托合同中予以明确。

54. 我的家族信托可以设立多长期限？

目前国内各信托公司设置的家族信托期限在 5 年到 50 年不等。期限太短可能无法满足家族财富永续的传承需求，期限太长又具有太多的不确定性。理论上说家族信托期限不局限于 50 年，但是很多客户认为周期太长，不确定因素太多，而不愿意设立超过 50 年期限的家族信托。

55. 家族信托未到期，可以提前终止吗？

具体看信托合同的约定。一般在信托合同中会明确约定信托提前终止的条件，比如约定当出现下列情形时合同提前终止：

（1）信托委托人和受托人协商一致的；

（2）信托文件规定的终止事由发生的；

（3）信托的存续违反信托目的；

（4）信托目的已经实现或者不能实现的；

（5）信托被宣告无效、被撤销或被解除的；

（6）相关监管部门要求信托终止的；

（7）信托财产已全部分配完毕的；

（8）其他导致家族信托提前终止的情形。

56. 家族信托到期后，会自动续期吗？

不会自动续期。

在家族财富管理实践中以意思自治原则为先，制定各种财富传承方案和签署任何协议安排时，要尊重各当事方的真实意愿。家族信托到期后是否续期要看委托人与受托人之间是否协商一致签订续期或者延期补充协议。若双方无任何"续期或延期"的书面意思表示，家族信托到期后不会自动续期或延期。

57. 家族信托设立后，可以变更信托受益人吗？

可以。

根据《信托法》第五十一条的规定："设立信托后，有下列情形之一的，委托人可以变更受益人或者处分受益人的信托受益权：（一）受益人对委托人有重大侵权行为；（二）受益人对其他共同受益人有重大侵权行为；（三）经受益人同意；（四）信托文件规定的其他情形。"其中第四款明确规定"信托文件规定的其他情形"，该款规定赋予了委托人可以根据自己的意愿在信托合同中设置变更信托受益人的权利。在实际操作中，委托人通过信托文件，可明确规定受益人获取信托收益的前提条件，也可在信托文件中保留重新指定受益人的权利。比如当原受益人的某些行为已严重影响信托目的实现时，委托人可根据信托文件要求变更受益人。

当然，在信托合同中约定"委托人可以变更受益人或者处分受益人的信托受益权"在特定情形中可能会增加夫或妻一方的风险。如夫妻双方用共同财产设立信托，但是委托人只是夫或者妻一方。如果发生婚变，委托人变更受益人，不再将另一方作为受益人，则另一方的权益必然受到损害。面对类似情形，我们可在信托合同中，将另一方设置为信托监察人，并约定涉及受益人及分配条件的变更时，需要委托人和监察人共同签字确认。

总之，法律规定"委托人保留对受益人及其受益额度的变更权"的意义，主要是保障家族信托目的的实现，更好地让家族财富能得到有效传承。

58. 家族信托设立后，可以追加信托财产吗？

家族信托存续期间，委托人与非委托人都可以追加信托财产。但二者追加信托财产的条件不同。

（1）委托人追加信托财产须取得信托公司同意，按信托公司要求填写《追加信托财产申请函》，经信托公司书面确认后，提供追加财产的相关证明材料，并配合信托公司办理相关手续，交付信托财产后即完成追加。如委托人与信托公司可在信托合同中约定："委托人在获得受托人的许可下可追加交付资金、信托受益权、股权、保险合同受益权等财产。"

（2）因个别家族信托设立期限较长且信托目的带有公益需求，为了能够充分实现委托人设立初衷，可由非委托人为家族信托追加资金。我国宋代范仲淹作为委托人开创的"范氏义庄"便是如此。范仲淹死后，范氏家族后代将部分田产捐给义庄，继续对"信托财产进行追加"，满足了委托人范仲淹设立"范氏义庄"的初衷。鉴古知今，当前非委托人为家族信托追加资金有其合理性和必要性，但须满足如下条件：

①为家族信托追加资金的非委托人，应属受益人家庭成员，避免通过追加资金形式进行贿赂等利益输送，违反法律法规或社会公序良俗。

②非委托人追加资金，应经原委托人（在世）或其他全体受益人（原委托人去世）及受托人书面同意。

③非委托人不得以追加资金为条件取消或变更原受益人受益权及信托利益分配方式，损害家族信托受益人利益。

④非委托人如使用共同财产进行信托财产追加，需经其财产共有人同意，且不得损害其债权人或其他利害关系人利益。

59. 家族信托设立后，
可以撤销信托公司的不当行为吗?

在符合特定的条件时可以行使撤销权。

法定撤销权

根据《信托法》第二十二条的规定："受托人违反信托目的处分信托财产或者因违背管理职责、处理信托事务不当致使信托财产受到损失的，委托人有权申请人民法院撤销该处分行为，并有权要求受托人恢复信托财产的原状或者予以赔偿；该信托财产的受让人明知是违反信托目的而接受该财产的，应当予以返还或者予以赔偿。"此规定赋予了委托人撤销权。委托人有权自知道或者应当知道撤销原因之日起一年内行使的，否则撤销权消灭。

约定撤销权

根据自治原则，委托人与受托人可在信托合同中约定，当发生约定事项时，委托人可依约定行使撤销权。

60. 万一急需用钱，能把信托账户里的钱拿回来吗？

　　信托合同生效后，受益人可以根据信托分配条款的约定领取信托财产。委托人如果担心信托设立后出现急需用钱的情形，可以在信托利益分配条款中将委托人本人列为受益人，并约定有权随时领取信托财产。但有部分学者认为，此种约定可能会因为委托人保留过多权利而被认定为虚假信托。

61. 哪些情形下设立的家族信托会无效？

根据《信托法》第十一条的规定，有下列情形之一的信托无效：

（1）信托目的违反法律、法规或者损害社会公共利益的；

（2）信托财产不能确定的；

（3）以非法财产或者本法规定不得设立信托的财产设立的；

（4）专以诉讼或者讨债为目的设立信托的；

（5）受益人或者受益人范围不能确定的；

（6）法律、行政法规规定的其他情形。

如发生信托无效的情形，则信托自始无效，其风险隔离功能自然也就无从谈起。

62. 家族信托设立后，应该何时告诉受益人更好？

委托人可根据信托目的，并结合自身健康、年龄、家庭关系、受益人心智等因素综合选择在适当时期告知受益人。

很多委托人设立家族信托的初衷是为了防止子女挥霍财富，正向激励子女自食其力。如果过早让子女知道已为其设立家族信托，将来生活已有保障的情况下，极有可能使其失去对学习的热忱，不求上进。为了使子女能更专注地接受更好的教育、参与更多的工作实践，委托人可以考虑选择成熟的时机告知子女。这里的择机告知主要针对的是未成年人子女。

对于成年子女作为受益人，不及时告知是否可行呢？根据《信托法》第三十三条规定："受托人应当每年定期将信托财产的管理运用、处分及收支情况，报告委托人和受益人。"从该法律规定上来看，受托人具有及时告知的义务，委托人想要对受益人保密存在一定的障碍。不过，对于成年子女受益人，担心告知后出现坐吃山空、不求上进的问题，可以在受益条款中附加激励条件解决此类问题，如希望后代积极学习、接受教育，则可以增加教育方面的资金奖励；鼓励后代努力创业，则可以设置创业资金支持条款；亦可设定负面约束条款，使得受益人不敢好吃懒做、作奸犯科或行为不端，否则将减少收益分配或被取消受益资格等。

63. 家族信托利益有哪些常见的分配方式?

在设立家族信托的流程中,委托人明确信托目的后,通常由受托人围绕信托目的设计相应的信托利益分配方案。随着设立家族信托的高净值客户越来越多,信托公司设计的分配方案也越来越灵活,信托公司在信托分配方案落地执行方面的经验也越来越丰富。目前,常见的分配方式如下:

并列分配与顺位分配

家族信托的受益人往往不止一位家庭成员,可能涉及多位家庭成员,甚至跨越几代家族,尽管都是亲属关系,但也有远近亲疏之分。从受益人分配顺序来看,家族信托的分配方式可分为并列分配与顺位分配两类。并列分配指所有受益人均有权按信托文件约定方式参与信托利益分配;顺位分配指受益人在接受信托利益分配时存在先后顺序,只有顺位在前的受益人受益权终止后,顺位在后的受益人才可参与信托利益分配。在实操中,既有单独使用并列分配或顺位分配的情况,也有二者结合的安排。

固定金额分配与浮动金额分配

从分配的具体金额来看,既有固定金额也有浮动金额,两种方式各有所长,委托人可根据家庭需要选择。固定金额分配方式操作方便、执行度高,可以避免不必要的纷争,但跨越多年的家族信托或面临若干年后经济环境的巨大变化,设立时的固定金额可能难以实现原本保障家人生活富足的信托目的。与固定金额相比,浮动金额分配可根据实际经济环境变化，灵活调整分配金额，保障信托目的的实现，但须在信托合同中明确约定浮动信托收益的计算方式，避免受益人不满受托人调整金额而引发纷争。

固定周期分配与附条件分配

从分配周期来看，目前家族信托既有实现常规的固定期限（常见的分配周期有按季、按年和到期后一次性分配）分配，分配金额可以固定或浮动，例如在信托合同中约定受益人满 18 周岁后，每年分配 100 万元，分配日期为每年 12 月 31 日；又有以事件触发的附条件分配，即只有当信托受益人触发了分配的条件，才能按合同约定领到相应的钱。通过设置既定条件，激励与规范后代的行为，实现良好家风的传承。所附条件往往是"考上名校""养育子女""创立企业"等具体、可衡量的行为表现，则所附加的分配条件就可据此进行设计。如：约定受益人取得研究生录取通知书后（亦可指定院校白名单），可一次性领取 50 万元的"教育奖励基金"。又如：约定儿媳妇生育一胎可获得 50 万元生育金，此后每生育一胎可获 80 万元奖励。再如：约定儿子 30 岁前结婚，儿媳妇从事金融、医生或律师工作的，可获 80 万元婚姻礼金等多样化分配条款。

临时分配

从临时分配来看，受益人可因临时性大额开支向受托人申请分配信托利益，例如罹患某类疾病（需有清晰的界定范围）可申请临时分配。此类利益分配设置，需要设立家族信托时在信托合同中设置应急金（部分信托公司也叫紧急救助金），并明确申请范围。

以上四种仅是根据现行信托公司实践而提炼出来的常见分配方式，在实际操作中，一单家族信托可能同时兼具上述多种分配方式。

64. 家族信托合同有哪些内容?

《信托法》第八条规定:"信托协议应当采取书面形式。"第九条规定:"设立信托,其书面文件应当载明下列事项:(一)信托目的;(二)委托人、受托人的姓名或者名称、住所;(三)受益人或者受益人范围;(四)信托财产的范围、种类及状况;(五)受益人取得信托利益的形式、方法。除前款所列事项外,可以载明信托期限、信托财产的管理方法、受托人的报酬、新受托人的选任方式、信托终止事由等事项"。

根据《信托法》的相关规定,结合国内多家信托公司已落地的家族信托合同内容,笔者总结出一份完整的家族信托合同一般包括十四部分:释义部分、信托的成立生效及期限、信托财产的范围与交付、当事人的权利义务、信托财产的投资范围和管理方法、信托费用、信托受益权及信托利益分配、信托变更与终止、信托清算及信托终止后的财产分配、信息披露和通知、违约责任、风险揭示、承担及免责条款、法律适用和纠纷解决及附件。各部分内容简要介绍如下:

一、释义

该部分用于解释信托合同中所涉及的专业术语及法律名词,有利于合同双方了解合同,促进签订合意。通常信托合同包括但不限于以下术语定义:

(1)本合同:指《家族信托合同》及对该合同的任何修订和补充。

(2)本信托:指《×××××××号家族信托合同》及其附件

(3)信托分配计划:指本信托项下受益人的详细信息、信托利益分配及剩余信托财产分配的详细安排。本信托项下信托分配计划根据本合同约定予以变更的，以变更后内容为准信托计划。

（4）信托财产：指委托人根据本合同约定向受托人交付并设立信托的货币、非货币财产及财产权利以及受托人对前述财产管理、运用、处分或者因其他情形而取得的财产；因前述财产灭失、毁损或其他事由形成或取得的财产也属于信托财产。

（5）信托受益权：指受托人根据信托文件的规定，计算并分配给受益人的信托利益分配权。

（6）委托人：指具有完全民事行为能力并将其合法所有财产交付受托人以设立本信托的自然人。

（7）受托人：指接受委托人的委托，按照委托人的意愿以自己的名义，为受益人的合法利益最大化，依法管理、运用、处分信托财产的主体。本信托成立时的受托人为××××公司。

（8）受益人：指按照信托文件的约定，在本信托中享有信托受益权的自然人。

（9）监察人：指监督家族信托按照信托文件的约定有序运行的当事人。

（10）特殊情形：指合理证据证明委托人、受益人、监察人发生了以下情形：身故、重疾、无行为能力状况、被限制行动自由。"合理证据"系指公证文件、司法机关、政府部门或正规医疗机构出具的相关文件，包括但不限于死亡证明、宣告失踪／死亡的判决、医疗机构的鉴定等。

二、信托的成立、生效和期限

该部分明确信托成立、生效的条件以及信托的期限。

（1）一般会约定信托成立与生效的条件为：①本信托合同和《风险声明书》已签署并生效；②委托人已将首期信托财产交付受托人。

（2）本合同项下信托存续期为____年。即自____年____月____日起至____年____月____日止。

三、信托财产的范围与交付

在信托财产条款部分，需要明确交付财产类型、交付方式和交付规模。如交付的是货币资金，委托人须从本人境内商业银行账户划付至信托专户。如交付的是其他形式的财产，则需要明确约定财产的范围、价值、财产转移及交付的方式。

四、当事人权利义务

家族信托的当事人一般涉及委托人、受托人、受益人以及监察人。各个当事人的权利义务条款是信托合同的核心条款。

1. 委托人权利与义务

（1）委托人权利

根据法律规定，委托人享有法定权利和约定权利，其中法定权利共有四项，包括知情权、信托财产管理方法调整权、撤销权与赔偿请求权、受托人解任权等。而约定权利则是指委托人根据信托目的和受托人约定为自己保留一定的权利，例如家族事务管理权、家族信托财产管理参与权等。

（2）委托人义务

在家族信托文件中普遍会约定委托人有以下几种义务：依约定支付受托人报酬和管理费用；依约定更换、补充家族信托财产；依照约定参与信托财产的管理等。

2. 受托人权利与义务

国内家族信托中受托人角色，只能由持有信托金融牌照的信托公司担任。受托人具体享有的权利和承担的义务，除了《信托法》及相关法律规定的内容外，通常需要由信托合同进行特别约定。

（1）受托人权利

包含有：按照约定以自己的名义管理、处分信托财产的权利；信托报酬、管理费用请求权等。

（2）受托人的义务

包含有：向委托人、受益人报告信托事务的义务；勤勉尽责、谨慎、诚信的义务；有效管理信托财产的义务；向受益人支付信托利益的义务；保密义务等。

3. 受益人权利与义务

（1）受益人的权利

根据《信托法》的规定，受益人享有信托受益权、信托利益权转让权和继承（信托文件有限制性规定的除外）、要求调整信托财产管理方法的请求权、在受托人不当行为损害信托财产时的救济权和对受托人的解任权等。

（2）受益人的义务

受益人的义务主要表现在，须满足信托利益领取的条件和要求时才能领取相应的信托利益。委托人可以在信托合同中明确约定受益人领取信托利益需履行的义务，此时受益人需要履行合同所附件的义务时，才能够领取信托利益。

4. 监察人权利与义务

监察人的权利义务由委托人自行决定，并通过信托合同的约定进行确定。

（1）通常赋予监察人如下权利：

①监督信托管理运行情况。监察人有权了解信托财产的日常管理状况，包括信托财产的变化、投资方向，以及家族事务管理的模式是否妥当。同意或者批准受托人进行高风险高收益的投资行为等。

②对受托人出任情况进行监督。

③调整受益人和受益权。可约定对家族信托受益人以及受益权规则的变更享有一定的自由裁量权。当然，此处赋予监察人的权利不宜多大，避免监察人损害受益人利益。

④诉讼权利。可约定当受托人的行为损害受益人的利益时，监察人有权以自己的名义提起诉讼。

⑤报酬和补偿请求权。委托人可在信托文件中规定信托监察人的报酬金额、报酬的获取方式。

（2）监察人的义务

监察人的义务一般包括信托文件遵守义务、信义义务和保密义务等。

五、信托财产的投资范围和管理方法

通常会在信托合同中明确约定信托财产的投资范围和管理方法，如：

（1）约定信托财产投资范围系仅能运用于信托公司内部的信托理财产品以及关联方发行、管理、代销的金融产品，还是可以运用于市场上任何的金融产品。

（2）信托财产中留存适当比例的活期存款或投资适当比例的高流动性金融产品，以满足信托利益分配支付的需要。

（3）家族信托财产管理的具体事务主要由受托人执行，可在信托文件中约定允许受托人将信托事务委托他人代为处理的情况和不得已的事由。

六、信托费用和税收

（1）信托合同通常会约定信托财产应承担的处理信托事务所发生的各项费用以及支付方式。通常由受托人向信托账户开户行出具划款指令，从信托账户划付至相应项目费用的指定账户。

（2）信托财产在管理、运用和处分过程中，如发生税费，由信托财产承担。

七、信托受益权及信托利益分配

通常，信托利益分配部分可根据委托人的信托目的进行个性化的利益分配设计。具体可查阅本书附录部分。

八、信托变更与终止

信托合同可约定，当发生何种情形时，受托人有权依法宣布信托终止，比如：信托目的已经实现或不能实现；若任意时点信托财产净值低于伍拾万元的；受托人发现委托人违反本合同约定或有任何虚假陈述情形的；信托成立后，若被认定不符合国家相关金融监管机构规定的家族信托的含义，委托人应当配合受托人签署本合同的补充协议，确保本信托的有关运作符合国家相关金融监管机构的有关规定，否则，受托人有权终止本信托。

九、信托的清算及信托终止后的财产分配

信托合同可约定信托终止后的清算流程、剩余信托财产的归属与分配。通常会约定信托清算后,信托财产按如下顺序进行分配和支付:(1)相关税收;(2)因清算而支出的合理费用;(3)信托管理费等服务费用;(4)如发生受益人全部先于委托人身故、放弃、被取消受益权而导致信托终止的,剩余信托财产全部归委托人;如委托人身故后,全部受益人相继身故、放弃、被取消受益权而导致信托终止的,则剩余信托财产被视为委托人遗产,由其合法继承人继承。

十、信息披露和通知

通常在信托合同约定委托人采取"临时信息披露""定期信息披露""终止信息披露"的方式向委托人、受益人、监察人进行信息披露。并约定通知的方式,如采取邮寄送达、电子邮件送达、信托公司线上家族信托系统送达等。

十一、违约责任

(1)委托人未按期向受托人提供合同规定之信托财产的,信托合同终止,并由委托人向受托人赔偿由此造成的全部损失。

(2)受托人如因违反本信托合同相关规定,致使信托财产损失的,应承担相应赔偿责任。

(3)本信托合同一经签订,任何一方当事人不得随意变更。确属特殊情况需要修改的,双方应采取协商方式解决。造成损失的,应由违约方向守约方给予赔偿。

十二、风险揭示、承担和免责条款

(1)受托人管理、运用或处分信托财产过程中,可能面临各种风险,包括项目风险、政策风险、市场风险、管理风险等。

(2)受托人根据本合同及信托计划的规定,管理、运用或处分信托财产导致信托财产受到损失的,由信托财产承担。

(3)受托人违反本合同及信托计划的规定,管理、运用或处分信托

财产导致信托财产受到损失的，其损失部分由受托人负责赔偿，不足赔偿的，由信托财产承担。

十三、法律适用和纠纷解决

（1）本合同适用中华人民共和国相关法律。

（2）本合同在履行过程中，委托人与受托人如发生纠纷，且协商不成的，任何一方均有权向合同签订地有管辖权的人民法院提起诉讼。

十四、附件

除了家族信托合同外，往往会有大量的合同附件，共同组成整个家族信托文件。如风险声明书、生效告知书、配偶同意函、个人财产申明函、信托利益分配方案、监察人申明、信托期限变更申请书、信托规模变更申请书、追加信托财产确认书、信托利益临时分配申请书、投资方案执行确认书、信托财产投资报告书、监察人及监察人权利义务变更申请书、信托受益人、受益规则信托利益分配规则变更申请书等。

如设立保险金信托，除上述文件外，则还可能包含附件：保险信息登记表、放弃保险合同受益权通知、保险事故发生通知、保险金到账通知、保险拒绝理赔的通知、被保险人申明书。

信托小知识⋯⋯⋯⋯⋯⋯⋯⋯⋯⋯⋯⋯⋯⋯⋯⋯⋯⋯⋯⋯⋯⋯⋯⋯⋯⋯⋯⋯⋯⋯⋯

梅艳芳家族信托案

梅艳芳在生命的弥留之际，通过香港汇丰银行设立了家族信托，通过"保单＋家族信托＋慈善"的方式对财产进行了安排。她在遗嘱中表述：将生前所有的财产（主要为现金和房产）全部置入家族信托。后梅艳芳因宫颈癌于 2003 年 12 月 30 日病逝。然而就在她走后直至往后的十几年里，引发了一场旷日持久的诉讼。梅艳芳母亲覃美觉得每月领取的信托受益金无法满足其生活和娱乐的需求，想要推翻梅艳芳的遗嘱信托，获得女儿的全部遗产，因此将信托公司告上了法庭。而两边诉讼费都从梅艳芳信托财产支付，导致本应用来产生收益的信托财产被蚕食。

为什么事与愿违呢？我们来看一下该案被披露的信托合同条款主要内容：一是梅艳芳母亲覃美金每月获 7 万港元生活费并安排一名司机和两名佣人；二是胞姐梅

爱芳的两个儿子及兄长梅德明的两个女儿共获 170 万港元读书基金；三是好友刘培基获赠香港跑马地毓秀大厦及伦敦的两处物业；四是余下财产在梅艳芳母亲百年后捐给妙境佛学会有限公司。同时，梅艳芳还要求家族信托的条款必须对所有受益人保密。通过以上条款内容，我们不难发现该信托合同在设立时便存在以下问题。

（1）遗嘱效力易被质疑致使遗嘱信托被挑战

病榻上的梅艳芳在遗嘱中写道，在自己百年之后，将自己个人留下的遗产全部置入家族信托，即梅艳芳以遗嘱形式设立家族信托。通过遗嘱形式设立信托容易因为遗嘱有效性被质疑，从而面临家族信托被挑战。通常，致使遗嘱全部无效或者部分无效的情形有：①订立的遗嘱不是立遗嘱人真实意愿，体现为立遗嘱时神志不清、被胁迫。②订立的遗嘱形式不符合法定要求，如自书遗嘱要求亲笔书写；代书遗嘱要求有两名以上无利害关系人在场见证等。③遗嘱真伪存疑，如遗嘱系被他人伪造出来的或遗嘱被人篡改等。

梅艳芳在订立遗嘱时已经重病在榻，这使得不满财产分配的梅母对遗嘱效力产生合理怀疑，以至于在梅母和受托人后来的诉讼中，梅母将梅艳芳订立遗嘱时是否意识清醒、是否受到他人的不利影响、订立程序是否合法等作为质疑遗嘱效力的主要理由。同时，以遗嘱形式订立家族信托，其无法在生前将财产置入信托，也导致了梅艳芳安排的信托保密机制完全失效，受益人梅母知道信托财产的管理、分配情况后极为不满，引发矛盾，违背了梅艳芳设立家族信托的初衷。

（2）家族信托制衡机制的缺失

该信托中受托人香港汇丰国际信托有限公司管理权较大，信托合同条款中缺乏监察制衡机制，未设立监察人或信托保护人，导致受托人、受益人无法在对等的地位进行谈判，有了纷争后无人出来调解，只能通过法律手段解决。

（3）家族信托调整机制的缺失

该信托中并无对应未来变化的柔性机制条款。例如受益人生活费用因为物价的提高而上升了，还有其他方面的生活需求，此时家族信托如何满足。同时信托管理的资产因信托受益人长期诉讼而大幅缩水，信托受托人也因要应诉而耗尽了信托财产，不得不多次拍卖信托财产。

通过对梅艳芳信托案的分析可知，以何种形式设立信托以及信托分配条款如何设计尤其重要。在此笔者建议，在设立家族信托时，可以选择专业的私人财富管理律师协助设计信托利益分配条款。

65. 家族信托合同中有哪些坑与避坑指南?

陷坑一：捆绑投顾关系

实践中，有的信托公司会在信托合同中约定："在信托存续期间及信托清算期间，由信托公司同时担任投资顾问，此时不另行收取服务介绍费，如果信托公司因任何原因不再担任投资顾问的，将按照约定比例计收服务介绍费。"该约定强行在信托公司和委托人之间建立投资顾问关系，并让信托公司在整个信托存续期间从中获利，投资顾问只是家族信托的其中一个角色，并不是必不可少的角色，该约定具有强买强卖的属性，于委托人而言明显有失公平。

避坑指南： 信托公司与投资顾问相互独立更能提升整个信托的公允性。建议在信托合同中明确约定委托人拥有自由选择投资顾问的决定权，同时赋予委托人单方解除投资顾问的权利，无需经过信托公司等第三方的同意。

陷坑二：限定投资范围

实践中，有的信托公司会在信托合同中约定："在提供投资建议时，只能选择××公司及其关联方发行、管理、代销、担任投资顾问或者遴选准入的产品。"该约定不仅破坏了自由竞争的市场规则，而且直接剥夺了委托人选择投资范围的权利，具有垄断性质，不利于委托人选购到优质的投资产品。

避坑指南： 全市场投资是委托人设立家族信托的基本权利。建议在信托合同中明确约定委托人对投资范围的确定、投资产品的选择享有决定权，并且可在全市场范围内进行选择。

陷坑三：弱化我方权利

《信托法》规定了委托人可享有信托财产管理知情权、管理方法变更权、信托撤销权、赔偿请求权、受托人解任权、新受托人选任权、变更受益人权及信托财产强制执行异议权等权利。但部分信托公司会在信托合同中对委托人的上述权利进行限制或弱化，从而对委托人自如地管控信托设置了障碍。

避坑指南： 保护信托财产及受益人的利益是委托人设立信托的首要目的，而目的的实现则依赖权利的行使，建议委托人根据信托管理的实际需求在信托合同中明确对应权利。但也不能过度保留太多权利，否则整个信托会因此面临被认定为无效的法律风险。

陷坑四：简化分配条款

本书前篇已经介绍了家族信托利益分配的四种方式：并列分配与顺位分配、固定金额分配与浮动金额分配、固定周期分配与附条件分配和临时分配。实践中，因前三种分配方式内容较为具体，实操性更强，大多数信托合同会优先约定使用前三种方式进行分配。但临时分配同样具有其不可替代的功能，最明显的两个体现就是：一是可以缓解受益人急需用钱的燃眉之急；二是赋予委托人更多的主导权，当委托人有特别需求时，可通过临时分配方式把信托财产取尽终止信托。

避坑指南： 分配方式的多元化和科学性是信托目的实现的有力保障。建议在信托合同中设置临时分配条款，具体可约定为：当委托人在世且具有完全民事行为能力时，受托人应根据委托人的书面指示，以信托财产净值为限向受益人进行临时分配。当委托人去世或不具有完全民事行为能力后，受托人应根据全体享有受益资格的受益人或其监护人一致同意的书面指示，以信托财产净值为限向受益人进行分配。

陷坑五：承诺保底收益

实践中，部分信托公司为了提升信托产品的吸引力和渲染信托产品的安全性，会在信托合同中设置"认购某信托产品，认购期限为 × 个月，预期年化收益率×%，信托利益每×个月分配一次"等承诺保底收益的条款。保底条款是指当事人在合同中约定，无论是否亏损，一方均享有固定本息回报或者本金不受损失等内容。在信托合同中，保底条款一般包括以下情形：其一，保证本息固定回报条款；其二，保证本息最低回报条款；其三，保证本金不受损失条款。往往大多数客户会基于该类条款产生信赖而最终选购信托产品，但在司法实践中，绝大多数法院会因保底条款违背了基本经济规律，倾向性将其认定为无效条款。

避坑指南：科学理性地面对保底承诺，拒绝盲目跟风购买信托产品，综合听取和分析专业机构提出的投资建议，尽可能选择稳健性、安全性高的信托产品。

陷坑六：固定收费比例

本书前篇已经介绍了家族信托在设立和存续期间可能会产生的费用包括设立手续费、信托管理费、投资顾问费、资产运用手续费、银行托管费、相关税费等。针对其中每个服务周期都要收取的信托管理费和投资顾问费，部分信托公司会在信托合同中约定一个固定的计收比例。但随着信托年限的增长和信托财产的增多，采用固定比例计收上述费用可能会使信托成本明显高于市场平均水平。

避坑指南：合理控制成本就是保护信托财产和受益人的利益。建议将信托管理费和投资顾问费等周期性费用的计收方式约定为阶梯计收方式，即规模越大，费率越低。

陷坑七：转移他方风险

信托兼具金融法律属性，存续期间必然存在诸多不确定风险，部分信托公司为了转移自身风险，会在信托合同中（多在首页）约定：信托公司依据本信托合同约定管理信托财产所产生的风险，由信托财产承担。信托公司因违背本信托合同、处理信托事务不当而造成信托财产损失的，由信托公司以固有财产赔偿，不足赔偿时，由受益人自担。明明是信托公司造成的损失，却要由受益人来兜底承担责任，该约定明显对受益人不公平。

避坑指南： 因信托公司提供的信托合同多为格式合同，建议委托人在签署信托合同前利用其享有的签约主动权与信托公司进行协商，删除受益人承担责任的条款，进一步明确信托公司造成的损失应由其自行承担，同时要求信托公司提供保证人对其信托合同项下产生的全部债务承担连带赔偿责任。

陷坑八：遗漏监管主体

实践中，存在着"委托人去世后，家族信托投资的事项全部由信托公司决定"这一现象，这就无法排除信托公司会选择投资一些劣质项目或者低收益项目，从而将受益人立于极其被动的地位。只要信托公司按照信托协议合规操作，不管是全权委托型还是指令型信托，投资的风险均由信托财产来承担。究其原因，则是在信托合同中遗漏了监管主体的约定，没有约定若委托人去世或者丧失民事行为能力，其所享有的各项权利由谁承继。

避坑指南： 为了保证子孙后辈在家族信托存续期间拥有主动权，委托人可在信托合同中设立保护人或者被授权人等多种角色，明确约定委托人去世或者丧失民事行为能力后，其所享有的各项权利由谁承继，从而实现委托人权利的传承，保障家族财富实现有效传承。

比如，委托人可在信托合同中将其一个子女设为信托保护人，将其在家族信托中增减受益人、修改分配条款、发起临时分配、修改信托条款等权利都传承给这个子女。待委托人百年之后，他的子子孙孙就不会被信托公司牵着鼻子走。

陷坑九：忽略善后机制

在实践中，当发生信托公司破产情况时，虽综合《信托法》《信托公司管理办法》等规定来看，信托公司破产不会影响家族信托的有效存续，但更换受托人则是不得不为的。但对于新受托人如何选任，部分信托合同对此是避而不谈的，并且对"新的信托合同可以对原信托合同哪些条款作出变更、哪些不能变更""哪些主体可以变更哪些条款、不能变更哪些条款"等现实问题都均不明确。而这些问题的解决与信托目的的实现息息相关。

避坑指南： 委托人应谨慎选择受托人，并在信托文件中尽可能地表达内心意思，规划出一旦需要更换新受托人时，新受托人的选任主体、选任条件、选任程序等完整方案，以保障家族信托设立目的的顺利实现。

陷坑十：欠缺排他设计

实践中，委托人设立家族信托，大多数情况下会将子女列为信托受益人。如果子女在婚姻关系存续期间作为受益人取得了信托利益分配，该信托利益分配是属于受益人的个人财产，还是属于受益人的夫妻共同财产，目前没有明确的法律规定，司法实践中也存在截然不同的裁判观点。

避坑指南： 为了避免家庭资产因子女婚变而外流，建议委托人在信托合同中设置排除子女配偶权益的条款，如：本人设立本信托并通过信托合同约定由受托人从本信托中分配给本信托项下的所有受益人的全部信托利益，均仅分配给受益人本人，属于受益人的个人财产；若受益人获取本信托分配的信托利益时已经结婚的，所分配的信托利益亦仅为受益人的个人财产，不属于受益人的夫妻共同财产。

四、财富管理新宠儿

保险金信托

66. 保险金信托是什么？

　　保险金信托是指信托委托人将人身保险合同的相关权利和对应的利益作为信托财产，当保险合同约定的给付条件发生时，保险公司按照保险合同的约定，将对应资金划付至对应信托专户，由信托公司按照信托文件进行管理和运作，最后把信托财产和收益分配给信托受益人的法律行为。

信托小知识 ··

　　保险金信托最早诞生在 1886 年的英国，到了 20 世纪初，在美国出现了不可撤销人寿保险金信托。1925 年，日本也开始开展生命保险信托业务。2001 年，台湾万通银行率先申请开展人寿保险信托业务；而中国大陆的第一单保险金信托业务于 2014 年 5 月由中信信托承办。

67. 保险金信托如何实现"1+1>2"？

正所谓"金无足赤，人无完人"，世界上没有完美的工具，当人们发现保险和信托可以优势互补时，将两种工具结合使用，保险金信托也就应运而生了。它是人类智慧的结晶，就好比家用小汽车在发展初期只有轿车和越野车，它俩没有办法满足人们的全部需求，所以设计师把这两者结合，产生了 SUV，保险金信托便是如此。因此，保险金信托自产生之初便结合了财富管理界两大明星工具——保险和信托的功能优势，强强联合，真正实现了"1+1>2"的效果。

人寿保险的主要优势

（1）杠杆性。通常理解为保费保额比，通过支付较低的保费，获得高于保费数倍的保额。

（2）门槛低，操作简便。人寿保险的购买门槛相对较低，每个人都可以根据其家庭经济条件投入相对应的保费。

家族信托的主要优势

（1）灵活性。可以量身定制，最大限度实现委托人个性化传承的意愿，这种灵活性可以实现财富的生前与身后控制。

（2）独立性。信托财产独立于委托人、受托人和受益人，可以更好地实现财产的隔离和保护功能。

保险金信托集结了两者的功能优势

（1）资金门槛低。一般要求总保费 500 万元起，这使得很多中产家庭也可以设立家族信托，部分信托公司合作的保险公司产品保费要求甚至更低，可能200万元、300万元保费就可以撬动多倍杠杆，最终进入信托的财产可达到1000万元。

（2）拥有保险的多倍杠杆。保险杠杆原理是指投保人可以用极少的保费获得极高的保额，起到"以小博大"的效果。保险金信托可以运用保险的多倍杠杆来达到以较低成本实现设立家族信托的目的。

（3）设立流程更简便。保险金信托先投保再设立信托，与直接设立资金信托相比，相应的验资要求更低，设立的流程更简便。比如婚后设立资金信托一般要求客户配偶共同签字；而保险金信托一般只要求投保人、被保险人签字，如果投保人、被保险人是同一人，就只需一个人签字。当然，每家信托公司要求不同，也有此情形下部分信托公司仍然要求配偶签字的情况，具体以各家信托公司实际要求为准。

（4）有效控制财富。委托人通过信托条款对受益人、分配时间、分配方式及分配条件等进行具体安排，实现生前身后都能够有效控制财富。而保险金则是一次性支付给受益人，不利于财产控制，存在被挥霍的风险。

68. 保险金信托有哪些常见的操作模式?

对保险金信托不同的操作模式，业内并没有公认的分类方法，甚至叫法也不同，普遍称为 1.0 版、2.0 版、3.0 版等，具体介绍如下：

保险金信托 1.0 版

具体操作模式为，委托人先购买指定的终身年金或者终身寿保险，在保险合同犹豫期届满后，委托人与信托公司签订信托合同，同时把保险合同的受益人和保险金请求权利人变更为信托公司，即保险的生存年金、分红或者是满期保险金、身故理赔金等所有保险利益均变更为信托公司所有，将来所有保险利益全部进入到信托专户成为信托财产，由信托公司负责管理并向信托受益人分配。

这是最早出现的保险金信托模式，目的是解决保险金的再次分配和个性化分配、传承的问题。这种模式也是目前最普遍的。

1. 主要优势

第一，准入的门槛低。客户交完首年保费，等保险合同过了犹豫期之后，就可以对接信托了。比如，总保费 500 万元，分 10 年交，那每年只需要交 50 万就可以设立信托，降低了设立信托的门槛。第二，保单在此之后对接信托一般不再需要第二次验资，操作手续比较简便。

2. 主要劣势

第一，保单属于投保人的财产，如果投保人对外负债，可能面临保单被法院强制执行的风险。第二，如果投保人、被保险人不是同一人，投保人去世之后，此时保险事故尚未发生，保单可能变成投保人的遗产，由投保人的法定继承人按法定顺序继承。举个例子：70 岁的王五欲设立保险金信托实现传承，但因为拟投保的保险产品限制投保年龄为65岁，王五只能自己作为投保人，女儿作为被保险人，进而设立保险金信托。王五去世后，保单变成他的遗产，由其所有法定继承人继承。因王五除女儿外还有其他法定继承人，对该保单不能达成一致意见，王五的传承意愿最终没能实现。像王五这样的高龄群体，就可以选择保险金信托第二种模式。

保险金信托 2.0 版

客户先购买指定的终身年金或者终身寿保险，在保险合同犹豫期过后，不仅将保单的受益人变更为信托公司，还把投保人从本人变更成信托公司。

1. 主要优势

第一，可以防止保单成为投保人的遗产。因为保单属于投保人的财产，保单的投保人变更为信托公司后，便不再属于投保人的财产，可以有效防止投保人去世后面临法定继承的风险。第二，使保单具有资产隔离功能，保单的投保人已变更为信托公司，保单的续期缴费也交给了信托公司，成为了信托财产。如果投保人将来发生债务纠纷，这张保单不会被执行。这种模式安全性强，可以实现资产隔离功能。

2. 主要劣势

第一，门槛更高。要求投保人将保单接下来的续期保费一次性交给信托公司，将来由信托公司替自己缴纳保单的续期保费。第二，需提供更详细的资产来源证明。此模式要求投保人装进信托的财产为资金，将资金装进信托需要提供这笔资金的来源证明。

保险金信托 3.0 版

又称家庭保单模式，整个家庭不同投保人或不同被保险人的数张保单共同装入同一个家族信托的创新模式，部分信托公司允许设立此模式。

1. 主要优势

该模式打破了只有投保人、被保险人均相同的数张保单才可以装进一个信托账户的传统模式。可以满足将数张保单的受益人归集到同一个信托账户。比如很多客户可能在好几家保险公司都有保单，客户想获得家族信托身后传承的功能，但是单张保单的保额又达不到信托门槛，就可以利用该模式将数张保单的受益人都归集到一个信托账户，再通过信托架构把保险金给到想给的人。

2. 主要劣势

不同投被保人的人数越多，保单份数越多，势必令家族信托越复杂，比如将来不同保单的保险利益进入信托账户时，需要不同的人配合办理保险理赔手续，手续相较于前两种模式更为烦琐。

69. 保险金信托 1.0 版、2.0 版、3.0 版，
应该选择哪一种模式呢？

保险金信托三种模式各有千秋。只有根据自身的实际需求来选择最合适的，比如：如果我的家庭主要有传承需求，而债务风险并不大，资产隔离需求较小，则选择保险金信托 1.0 版最合适；如果我的资产隔离需求大，那就选择保险金信托 2.0 版；如果我已经在很多保险公司买过数张保单，目前没有预算能够继续购买三五百万的大额保单，又有信托个性化传承的需求，那就选择保险金信托 3.0 版。

70. 设立保险金信托有哪些流程？

设立保险金信托的流程如下：

第一步，客户购买指定的保险产品，并且金额达到一定的标准；

第二步，保险产品过了犹豫期后，客户到保险公司办理一个保单受益人变更的保全手续，将保单的年金受益人和身故金受益人更改为指定的信托公司；

第三步，信托公司或保险公司安排专业的保险金信托顾问拟定信托合同；

第四步，待客户同意信托合同内容后签字并办理好双录，完成设立手续。

71. 什么类型的人身保险可以设立保险金信托呢?

第一,基于信托财产的确定性要求,设立保险金信托的保险险种出险概率不宜过低,像意外险等保险产品就不适合对接保险金信托。

第二,保险金信托需要满足家族信托设立金额的门槛限制,保险金给付金额较大的保险险种更为适宜。

综上,目前比较适合开展保险金信托业务的保险为人寿保险,具体险种为终身寿险和年金保险。终身寿险包括定额终身寿险和增额终身寿险。年金保险包括终身年金和长期的年金险(一般如 20 年以上定期年金险)。

信托小知识 1

人寿保险属于人身保险的一种,它是以被保险人的寿命为保险标的,以被保险人的生存或死亡为给付条件的人身保险。人寿保险可分为终身寿险、定期人寿、年金保险、生死两全保险。

终身寿险是指按照保险合同约定,以被保险人身故为给付保险金条件,且保险期间为终身的人寿保险。与定期寿险最主要的差异是保障时间不同,终身寿险保障的时间长度为终身,因此,在保险金额相同的前提下,终身寿险的保险费用会高一点。终身寿险可分为定额终身寿险和增额终身寿险。其中,定额终身寿险是身故保险金确定且保险金额在整个保障期间都不会改变的产品;而增额终身寿险在保障期间内的保险金额会随着时间的改变而改变,当然,产品的现金价值也随着保额的增长而增长。

年金保险是指投保人或被保险人一次或按期缴纳保险费,保险人以被保险人生存为条件分期给付保险金，直至被保险人死亡或保险合同期满。年金保险的生存年金、身故或满期保险金均可置入保险金信托。

年金保险和终身寿险具有不同的功能属性，具体区别如下：

（1）相同点

第一，保障期限的终身性。只要不提前退保，二者都保障一辈子，较适合作为资产隔离和传承规划。

第二，保障范围的确定性。终身寿险的保额可以确定，终身年金是与生命等长的现金流。

第三，都是以被保险人的生命作为保险标的。一旦被保险人身故，受益人可以领取一笔身故理赔金。

（2）不同点

第一，终身年金保生死。保生是指在被保险人活着的时候，保险公司每年支付一笔年金给受益人；保死是指在被保险人身故的时候，再一次性支付身故金给到受益人。而终身寿险只保身故，也就是在被保险人去世的时候，保险公司向受益人支付一次性身故理赔金。

第二，终身年金的产品设计，一般比较注重产品的短期利益。一开始产品的现金价值相对较高，定期固定返还年金，但其身故保障的杠杆很低，比如很多产品的身故杠杆是 1.2 倍、1.4 倍、1.6 倍左右，它一般不涉及体检的问题。而终身寿险的人身杠杆相对较高，比如一位 30 岁的客户，年缴保费 20 万元，20 年交，那么他可能享受到 1200 万元的人身身故保障。假如这个客户购买产品的第一年就去世了，那此时的身故理赔金就达到近 60 倍的资金杠杆。当然也正是因为终身寿险有高倍杠杆，所以在配置大额保单的时候保险公司一般会要求客户体检。

72. 我应该选择年金保险
还是终身寿险设立保险金信托呢?

究竟选择年金保险还是终身寿险设立信托，委托人可根据自身的不同需求进行选择。

适合选择年金险信托的类型

（1）希望自己同时作为投被保人并且年纪较大的客户。因为很多年金保险不涉及风险保额，投保的时候不需要体检。

（2）比较在乎生前财富传承的客户。因为年金险在客户生前就会返还生存金和分红，此时生存金和分红就会进入到信托账户，客户在生前就能实现对信托受益人进行财产分配的目的。

（3）希望做资产隔离的客户。保单里的钱只有进入到信托账户成为信托财产才能起到隔离的作用。而年金险一般投保满 5 年之后就可以开始返还生存金和分红，所返还的金额即可进入信托账户，从而较早实现资产隔离的功能。

适合终身寿险信托的客户类型

（1）年轻且身体状况良好的客户。此类客户满足体检要求的可能性较高，可以利用终身寿险的高杠杆性，去搭建保险金信托的架构。

（2）希望充分利用保险杠杆功能的客户。终身寿险的最大特点是被保险人可得到永久保障，保费固定不变，且首年投保后，当年的保费杠杆高达几十倍。如客户首年缴纳 47 万元的保费购买保额为 3000 万元的终身寿险，若客户于当年不幸去世，则杠杆率可以达到 66 倍，即便交完 20 年保费，杠杆率依然能达到近 3 倍。这就可以实现利用保险杠杆功能扩大信托财产的目的。

（3）资金量相对较少但渴望享受家族信托服务的中产客户。通过年金保险设立保险金信托通常要求总保费在 500 万元以上，甚至有一些信托公司要求总保费在 1000 万元以上，当客户没有太多闲置资金且渴望享受家族信托服务时，那就适合用终身寿险来搭建保险金信托的架构。

以上因素仅供参考，客户须根据自身具体情况选择设立家族信托的适宜保险工具。

73. 香港保单能不能设立境内保险金信托？

能。

目前我国对境内设立保险金信托的保险工具并未作出不能来源于境外的限制。但是用境外保单设立境内保险金信托，其信托受益金会受我国外汇管理制度的制约，需要付出更高昂的费用成本。因此，笔者建议在境内设立保险金信托尽量使用国内的人寿保单，而在香港购买的保单可以考虑通过香港或者是境外的信托机构来设立保险金信托。

74. 保单已设立保险金信托，还可用于质押贷款吗?

理论上可以，但实践中需要看信托文件是如何约定的。

从理论上讲，保险金信托在设立后可以进行保单质押贷款的操作。而在实践中，若设立保险金信托的保单进行了质押贷款，如果借款人到期不履行债务，保单的有效性就会受到影响，造成保单价值减少或者信托财产灭失，这时保险公司有权终止保险合同效力，进而影响到保险金信托的存续。

基于此，信托公司会与委托人在信托文件中约定，不能有任何减损保单价值的行为存在。这样做既为了防止保单价值减损影响信托利益，又避免了客户随意退保或进行保单质押而影响信托公司的利益。

75. 在任意一家保险公司购买的保单都能设立保险金信托吗?

不一定。

　　保险金信托设立的前提需要保险公司总部和信托公司总部签订合作协议,双方会在协议中约定该保险公司的客户购买本公司、分公司、子公司的某项人身保险产品,当保费或保额达到一定规模后,可以享受设立保险金信托的增值服务。因此,并不是在任何保险公司购买的保单都能设立保险金信托。

76. 保险金信托中的保险金有保底收益吗?

由于保险金信托是保险和信托两种工具的组合, 所以保险金信托的收益分为两个部分。在保险阶段, 保险公司会在保险合同中承诺有保底收益; 而到了信托阶段, 资管新规则打破了刚性兑付, 不允许信托公司跟客户承诺信托的收益。

当然, 很多朋友选择保险金信托的主要目的是资产隔离和财富传承, 因此在信托阶段做资产管理时, 可以选择只投资安全系数较高且收益稳健的理财产品。

77. 保险事故发生后，
保险理赔金会自动转入信托账户吗？

不会自动转入信托账户。通常需要遵循如下程序，保险理赔金才会转入信托账户：

（1）当保险合同所约定的事故发生后，由信托受益人及时通知信托公司，并向信托公司提供理赔所需的全部证明材料；

（2）由信托公司按照保险理赔的要求到保险公司办理理赔的相关事宜；

（3）保险公司在审核并通过理赔材料后，办理理赔并将保险金转至信托账户；

（4）理赔完成后，由保险公司将理赔结果书面通知信托公司及投保人相关权益人；

（5）最后，信托公司根据信托合同中的约定妥善管理、运用和处分保险金。

78. 我的保险金信托可能有什么风险？

成功设立保险金信托的前提是保险阶段的保险合同效力稳定并能够顺利赔付。因此，保险金信托是否能成立与保险合同效力密切相关，其保险合同效力风险如下：

（1）就保险金信托 1.0 版而言，在保险金请求权实际转化为货币资金并进入信托专户前，保险合同的现金价值仍在委托人名下，信托债务阻断和风险隔离的功能存在不确定性，仍可能面临投保人的债务、婚姻等多重风险；

（2）如保险合同出现违约、终止、被撤销、被确认无效、被解除等情形，可能导致信托公司存在丧失保险金请求权的风险；

（3）投保人或被保险人存在变更保险金受益人、降低保额、欠缴保费、办理保单质押贷款、骗保等违反信托合同或保险合同约定的行为，导致保险金信托未能实际取得保险合同约定数额的保险金；

（4）可能存在委托人、受益人或其紧急联系人未及时通知信托公司保险事故发生，或未提供真实完整的理赔证明材料，或保险人拒绝赔付保险金等情形，导致信托公司无法全额领取保险金。

五、财富管理新潮儿

慈善信托

79. 为什么富豪越来越关注公益慈善事业?

以下从国家角度、企业角度、个人角度对此问题进行分析。

响应国家"共同富裕"政策,为祖国强大添砖加瓦

2021 年 8 月 17 日,中央财经委员会第十次会议强调:在高质量发展中促进共同富裕,正确处理效率和公平的关系,构建初次分配、再分配、三次分配协调配套的基础性制度安排,引起了社会各界的高度关注。那么,到底什么是三次分配呢?简单理解,初次分配是个体根据自身条件"按劳分配";再分配是政府通过税收、收费、补贴、救济等方式,在市场初次分配基础上进行的再分配,以提高整个社会的公平性。因为完全依照市场调节分配会有很多不公平的地方,例如因出身背景、教育程度、身体状况、地域环境等不同,而无法得到应有的财富分配。此时需要政府的"手"进行干预,然而无论政府的再分配机制多完美仍会存在遗漏的地方。

因而,即便经过市场第一次分配和政府第二次分配,仍然可能存在不公平的地方,比如教育资源、医疗资源等。于是,就有了第三次分配。第三次分配鼓励民众积极地投身于公益事业、慈善事业中,通过社会自发的慈善力量,每个人根据自己的资源、智慧、影响力,使得财富、资源能够更充分地得以分配。

综上所述,初次分配是市场的"手",再分配是国家的"手",三次分配是道德的"手"。三次分配需要平衡安排好,尤其是鼓励富裕阶层更多地回报社会,投身公益慈善事业,共同推动全体人民朝着共同富裕的目标扎实迈进。

立足企业管理，让企业在实现社会价值中提升商业价值

大多数高净值客户的财富积累往往基于企业经营而来。创造的财富越多，企业的社会责任就越大，很多企业家不仅个人进行慈善活动，更把慈善事业视为实现企业社会责任的重要部分。从社会价值的角度来看，企业家带领企业进行慈善活动，家族与企业能够充分地为社会做贡献；从商业价值的角度来看，慈善本身就是最好的广告，有利于塑造企业的品牌价值，传递企业文化，从而达到企业品牌宣传的效果，兼顾企业的社会价值与商业价值。慈善本身是家族的一项资本，也就是其社会资本。关注与发展慈善事业不仅利于他人，也成就了自己。

实现个人价值，在自我奉献中回报社会、造福人民

我国富裕阶层的财富主要来源于改革开放之后国家发展的红利。既有市场的机遇，也有国家政策的红利，这都是基于社会和国家给予的条件。更进一步来讲，富人的财富在法律上是属于他们自己，而从哲学或者社会学角度上来看富人的财富具有社会属性。并且，扶贫济困、乐善好施自古以来便是中华民族的传统美德。当富豪们积累了巨额财富之后，于国家号召下大多会不同程度地参与到慈善事业中。"富而思源、富而思进、富而思报"，富豪更加会自发自愿地投身公益慈善事业，回馈社会的同时又能够树立良好的家风。

80. 公益慈善主要有哪些方式？

　　主要方式有慈善捐赠、慈善信托和慈善基金会，慈善捐赠包含捐款和捐物。

81. 什么是慈善信托?

《慈善法》于 2016 年 3 月颁布，其中第四十四条规定，慈善信托属于公益信托。慈善信托是指委托人基于慈善目的，依法将其财产委托给受托人，由受托人按照委托人意愿以受托人名义进行管理和处分，开展慈善活动的行为。

慈善信托可以开展的慈善活动有哪些呢？根据 2017 年 7 月颁布的《慈善信托管理办法》的规定，以开展下列慈善活动为目的而设立的信托属于慈善信托：

（1）扶贫、济困；

（2）扶老、救孤、恤病、助残、优抚；

（3）救助自然灾害、事故灾难和公共卫生事件等突发事件造成的损害；

（4）促进教育、科学、文化、卫生、体育等事业的发展；

（5）防治污染和其他公害，保护和改善生态环境；

（6）符合《慈善法》规定的其他公益活动。

慈善信托的出现，使得慈善事业不止停留在捐赠（捐款捐物）层面，信托的灵活性和创造性，让慈善事业在广度、深度和精准度上得以拓展。利用慈善信托完成财富的第三次分配，在实现高净值人士家族慈善目的的同时，也将使财富有效地流向社会最需要的领域或人群，助力共同富裕。目前，多家信托公司积极促进高净值客户慈善需求落地，充分体现了"慈善＋信托"在第三次分配中的独特优势。

82. 相较于其他慈善方式，
设立慈善信托的独特优势有哪些？

相较于慈善捐赠与慈善基金会而言，设立慈善信托具有如下独特优势：

可以实现慈善财产风险隔离，确保慈善财产安全

首先，慈善信托设立后，信托财产所有权已发生转移，且不能设定受益人，具有完全的独立性、公益性，债权人或家族成员都无法要求分割。

其次，确保信托财产能够专款专用，不会被执行。

家族信托财产具有独立性，同样慈善信托财产也不例外。笔者曾听过这样一个笑话：某富豪向某基金会捐款一个亿用于办教育，有一天他问：学校盖了多少啦？基金会把捐赠人拉到医院急救室，说：跟您说个事儿，最近我们因为土地债务纠纷，被法院判赔 2 亿元，您那 1 亿元也被执行了。如果设立了慈善信托，那么这种笑话就不会发生了。因为信托财产不属于受托人的财产，即使受托人负债，债权人也无权执行信托财产，可以有效避免因受托方原因导致信托财产被执行的风险。

兼具公益慈善与资产增值的功能

慈善信托不仅能达到慈善目的，实现慈善事业的可持续化；也可以通过慈善财产专业化管理与服务，实现慈善财产的保值与增值。

慈善信托资金使用具有更高的透明度

首先，委托人可以掌控财产管理和使用的情况。一是慈善信托赋予委托人的知情权，委托人可以查阅资金的使用方向；二是委托人有解除受托人的权利，当慈善组织无法按照委托人的目的和要求使用这笔资

金，根据《信托法》的规定，可以解任、另行指定；三是委托人享有撤销权，当受托人有损害信托财产的处分行为时，委托人可以向人民法院诉请撤销掉这笔交易。

其次，委托人根据需要可以设立慈善信托监察人。通过监察人机制，监察人与委托人共同促进慈善信托目的的落地执行。

设立程序简单，管理方便灵活

慈善信托不具备法人资格，设立手续相对简便，仅需备案即可，设立门槛相对较低，设立流程简便，管理成本很低，管理方式更加灵活，普遍适用于大中小规模的慈善安排。

最近两年基于三次分配政策影响下，慈善信托数量显著增加。2016年至2021年，全国共有62家信托公司设立了慈善信托。据"慈善中国"官网数据显示，截至2023年1月4日，我国共备案1184单慈善信托，财产总规模共51.67亿元。

慈善中国 民政一体化政务服务平台

网站首页　慈善组织查询　慈善信托查询　募捐方案备案　慈善项目进展　慈善组织年报　募捐信息平台

首页 >慈善信托查询　　　　　搜索结果共 1,184 条慈善信托备案数据，财产总规模共 516,676.13 万元

请输入慈善信托名称……　　　　　　　　　　　　　　　　搜索

序号	慈善信托名称	备案单位	受托人	财产总规模（万元）	信托期限
1	NEW 景宁畲族自治县慈善总会慈善信托	杭州市民政局	万向信托股份公司	10	无固定期限
2	NEW 佳期光合教育慈善信托	杭州市民政局	万向信托股份公司	200	无固定期限
3	NEW 海曙"专晒温暖"共同富裕慈善信托	宁波市民政局	昆仑信托有限责任公司	170	无固定期限
4	外贸信托-2022年洪瑾公益慈善信托	北京市民政局	中国对外经济贸易信托有限公司	142.56	20年
5	外贸信托-2022年果宝共富慈善信托	北京市民政局	中国对外经济贸易信托有限公司	5	10年
6	中建投信托·善泉9号（幸福老年）慈善信托	温州市民政局	温州市慈善总会、中建投信托股份有限公司	70	1年
7	中建投信托·善泉10号（红色基因爱在身边）慈善信托	温州市民政局	温州市慈善总会、中建投信托股份有限公司	27	1年
8	中航信托·仙游一中慈善信托	南昌市民政局	中航信托股份有限公司	607.6	无固定期限
9	中信信托-和的慈善基金会·美泽慈善信托	广东省民政厅	广东省和的慈善基金会、中信信托有限责任公司	10000	永久存续
10	陕国投·童心向党-小小志愿者慈善	西安高新区社会事业服务	陕西国际信托股份	1	3年

数据来源：https://cszg.mca.gov.cn/biz/ma/csmh/e/csmheindex.html

83. 如何保障慈善信托真正实现公益目的？

为了保障慈善信托实现公益目的，《信托法》与《慈善法》规定了三大保障措施。

第一，赋予委托人较大的权利。

慈善信托的设立、受托人和监察人的确定，均由委托人自主选择和决定。当受托人违反信托义务或难以履行职责时，委托人有权变更受托人。

第二，加大受托人应当履行的义务。

慈善信托的受托人应当根据相关法律的规定、信托文件和委托人的要求，及时向委托人报告信托事务处理情况、信托财产管理使用情况。同时，受托人应当每年至少一次将上述情况向其备案的民政部门报告，并向社会公开。

第三，设置慈善信托监察人行使监察权。

根据需要设置慈善信托监察人。信托监察人对受托人的行为进行监督，依法维护委托人和受益人的权益。信托监察人发现受托人违反信托义务或难以履行职责时，应当向委托人报告，并有权以自己的名义向人民法院提起诉讼。

综上，通过三大保护措施，保障慈善信托财产的安全，实现慈善信托的公益目的。

84. 有哪些名人设立了慈善信托?

袁隆平院士夫人邓则

2022 年 5 月 20 日,"袁隆平慈善信托"正式设立。据报道,"袁隆平慈善信托"初始规模为 500 万人民币,初始委托人为袁隆平夫人邓则,受托人为湖南省财信信托有限责任公司,执行人为湖南省袁隆平农业科技奖励基金会,财务顾问和托管银行为中国农业银行。设立该信托的目的是慈善资金及投资收益将全部用于奖励在现代农业科技及生产发展领域中作出突出贡献的团体和个人,资助优秀中青年农业科技工作者主持的农业科研项目,设立农业高校优秀学生奖学金等慈善公益活动。该信托的一大亮点是,鉴于袁隆平院士在国内外拥有崇高声誉和巨大影响力,为支持社会资金的追加设置了开放式委托人架构,相信在将来随着更多爱心人士资金的注入,"袁隆平慈善信托"的公益效能也将不断放大。

阿里巴巴创始人马云、蔡崇信

2014 年,阿里巴巴创始人马云和蔡崇信以他们在阿里巴巴拥有的股票期权出资设立慈善信托基金,这两只慈善基金共收到约等于阿里巴巴 2% 股份的购股权,价值可能超过 20 亿美元。马云在新闻发布会上表示,新设的两支信托基金将主要致力于治理污染及发展中国医疗事业,马云、蔡崇信此举意义非凡,对中国慈善信托的发展起到了很好的引领及示范作用,这预示着中国富豪慈善新时代的来临。

美的创始人何享健

2017 年，美的创始人何享健捐赠了 1 亿股美的集团的股票（市值 43 亿元），设立"和的慈善信托"；同时还捐赠了 20 亿元现金，设立"广东省和的慈善基金会"，其中 5 亿元设立慈善信托。何享健先生表示，希望家族做慈善能够形成一种文化价值观，并作为一种家族文化世代相传。家族后代都能成为负责任、有爱心、对社会有贡献、能够彼此关爱的人。在 60 多亿元的捐赠中，1 亿元的股权慈善信托主要用于保障家族慈善事业的传承，这既能实现公益慈善目的，又能传承家族文化，此举无疑成为中国公益慈善事业的旗帜。

万向集团董事长鲁伟鼎

2018 年，鲁伟鼎先生秉承父亲（万向集团创始人鲁冠球）遗志，设立"鲁冠球三农扶志基金"（慈善信托），将万向三农集团有限公司全部股权置入"鲁冠球三农扶志基金"，随着工商变更登记的办理及相关公示，万向三农集团有限公司的全部股权过户至"鲁冠球三农扶志基金慈善信托"。"鲁冠球三农扶志基金"是目前我国资产规模最大的、永久存续的慈善信托，在我国信托发展史上具有标志性意义。

字节跳动创始人张一鸣

2021 年，字节跳动创始人张一鸣与福建龙岩市慈善总会共同作为委托人设立了"芳梅教育慈善信托"，受托人为中信信托有限责任公司。初始规模为 2 亿余元，期限为永久存续。该慈善信托财产将用于奖励龙岩市优秀教师，推动龙岩的教育水平提高，为龙岩的发展提供高素质人才。张一鸣以慈善促进教育、培育人才，这无疑掀起了慈善信托的又一波浪潮。

信托小知识 ·····································

以上介绍的都是名人设立慈善信托的案例，那么仅有社会名人、企业、企业家设立慈善信托吗？不，2022 年 6 月下旬，15 岁初中生黄凯德在北京用 10 万元设立了一个为期 5 年的慈善信托——"凯德盛世助学慈善信托"，用于帮助家庭困难的学生完成学业。不过，这个善举却引发了一些争议，因为按照《信托法》第十九条规定："委托人应当是具有完全民事行为能力的自然人、法人或者依法成立的其他组织。"也就是说信托委托人必须具有完全民事行为能力，未成年人是无法以其名义设立慈善信托的。对此，中国慈善联合会慈善信托委员会主任、中国信托业协会首席经济学家蔡概指出，当下未成年人如果想要设立慈善信托，本身虽然不能够直接作为委托人，但可以由其法定代理人或监护人作为委托人去设立，慈善信托的名字可以用未成年人的名字冠名，或是增加一些个性化特征体现此慈善信托是由未成年人设立。这样既能满足法律对委托人主体条件的要求，又能实现未成年人参与慈善公益事业的愿望。

"凯德盛世助学慈善信托"的设立，尽管在法律层面上仍受争议，但外界对该行为普遍持支持的态度。未成年人以设立慈善信托的方式做公益，应当得到鼓励，也成为我国慈善信托领域的又一创新和突破。随着越来越多的爱心人士涌入慈善信托，将为我国慈善事业注入源源不断的活力，拓展慈善信托在我国发展的深度和广度。

85. 设立慈善信托有什么流程?

委托人有设立慈善信托意愿的，应当先与家庭成员共同探讨，梳理家族从事公益慈善的意愿、定位和动因，以此确定设立慈善信托的愿景、定位、目标。

设立慈善信托是一项极具专业性的事务，需要借助专业机构（如：家族办公室、私人银行、信托机构、基金会、慈善咨询机构、律师事务所等）进行设计和筹划。初步探讨及筹划之后，委托人可以就设立慈善信托相关事项与专业机构达成初步合作意向，签署合作意向书、保密协议、风险告知书、客户信息表等资料，专业机构还将进行尽职调查，最终才能确定慈善信托系统架构与合同内容。慈善信托的设立流程具体如下：

发起设立

根据相关规定，因慈善信托的公益特性，委托人可以根据具体需要寻找合适的受托人、监察人、保管人、事务执行人、受益人，设计信托业务模式。

（1）委托人：可以是自然人、法人、依法成立的其他组织，需要具有完全民事行为能力。

（2）受托人：只能是慈善组织和信托公司，由委托人确定，一个慈善信托中可以存在多个受托人，如由信托公司和慈善组织共同作为受托人。

（3）保管人：指慈善信托专用资金账户所在的商业银行或负责保管非资金信托财产的自然人、法人或依法成立的其他组织。因慈善信托用于公益目的且所涉金额往往较大，所以需要设置保管人对专用资金进行保管。

（4）监察人：由委托人或公益事业管理机构指定，监察人对受托人的行为进行监督，依法维护委托人和受益人的权利。

（5）事务执行人：指受托人应当自己处理慈善信托事务，但信托文件另有规定或有不得已事由，依法委托第三方代理的慈善组织、信托公司或依法成立的其他组织。

（6）受益人：依据慈善目的确定受益人的领域、范围、人群，慈善信托的设立目的基于公益、慈善，因而慈善信托的受益人是不特定的公益对象，需要通过慈善信托管理过程中一定的程序和方法本着公开、公平、公正的原则选定以体现其慈善属性。

签订书面合同

各个主体沟通交流，共同确定慈善信托架构后，签订信托合同。信托合同应包含下列事项：

（1）慈善信托的名称。

（2）慈善信托的目的。

（3）委托人、受托人的姓名或者名称、住所、权利和义务，有两个或以上受托人的需明确职责和分工；保管人的名称、住所；监察人的姓名或名称、住所、设置方式、权利和义务；如设置信托事务执行人的，信托事务执行人的名称、住所、权利和义务。

（4）受益人范围及选定的程序和方法。

（5）信托财产的范围、种类、数额、状况、管理方法和损失追偿办法。

（6）年度慈善支出的比例或数额。

（7）信息披露的内容和方式。

（8）受益人取得信托利益的形式和方法。

（9）信托报酬、第三方保管费及其他应由信托财产及其收益承担的费用收取标准和方法。

除以上九项，还应当载明信托期限、更换受托人的选任方式、信托终止事由和信托终止时剩余财产清算处置、争议解决方式等内容。

交付信托财产

设立慈善信托，委托人需将确定的信托财产交付委托人，并且该信托财产必须是委托人合法所有的财产或财产权利。

登记备案

信托资产交付后，准备登记备案资料，完成备案。《慈善信托管理办法》规定，慈善信托由受托人在慈善信托文件签订之日起 7 日内，向受托人所在地民政部门备案。民政部门应当在收到备案申请材料之日起 7 日内出具备案回执；不符合规定的，民政部门应当在收到备案申请材料之日起 7 日内一次性书面告知理由和需要补正的相关材料。

具体的备案材料包括：

①备案申请书；

②委托人身份证明和关于信托财产合法性的声明；

③担任受托人的信托公司的金融许可证或慈善组织准予登记或予以认定的证明材料；

④信托文件；

⑤开立慈善信托专用资金账户证明、商业银行资金保管协议，非资金信托除外；

⑥信托财产交付的证明材料；

⑦其他材料。

备案的具体步骤为：由慈善信托受托人提出备案申请—民政部门受理—提交备案申请、身份证明、信托财产、资产证明等文件—资料符合要求的同意并出具备案回执—资料不符合要求的，当场告知并补正相关材料—重新审查。

六、案例篇
哪位更像你

86. 管理不规范的餐饮连锁企业创始人段总

【案例事实】

段总，知名餐饮连锁店创始人，育有一子一女。

20世纪80年代，段总乘着改革春风成立了餐饮店，数十年间在当地发展了几十家分店，身家数亿。但企业在经营发展过程中存在"企业资产购置家产、个人账户收公款、用阴阳账本转移公司利润"等诸多不规范行为。2020年新冠疫情暴发，段总的餐饮企业首当其冲受到冲击，经营惨淡，分店陆续关闭。而平日经营不规范所埋下的隐患也在这时候爆发。因无力偿还企业扩张期间的抵押贷款，被银行告上法庭。由于段总长期用个人账户收取公款，导致法院认定段总公司资产与个人资产混同，判定段总承担连带清偿责任；法院在审查本案过程中，还发现段总的公司涉嫌偷逃税款，法院将该线索提供给了相关部门。种种变故令段总一家人不仅难以保障当下的生活品质，甚至段总本人还面临着获罪入狱的法律风险。

从段总的案例中，我们会发现许多企业主在企业发展初期，重经济发展，轻规范管理。这种发展模式短期内或许可以带来企业的快速发展，但从长远来看，这给企业主及其企业蕴藏了诸多风险。

【风险诊断】

1. 市场风险

市场是一双看不见的手，同时也是资源配置的基础。市场往往会受到政策、经济、法律以及人的认知心理等影响。案例中的段总正是缺乏系统的企业规范管理知识、法律金融基础知识，难以预测公司经营不规范行为带来的"原生风险"以及潜在危害，加上无法预料的新冠疫情对市场经济造成巨大冲击，导致公司市场缩减，由此引发了债务连带风险。

2. 债务连带风险

我国大部分企业属于有限责任公司，段总的公司也不例外。根据我国《民法典》《公司法》等相关规定，有限责任公司具有独立的法人资格，股东承担有限责任。如果企业面临债务或破产危机，股东并不需要以个人财产偿还企业债务。但是如果出现家业与企业资产混同的情况，债权人就有权主张公司股东滥用公司独立法人地位和有限责任，要求股东个人对公司债务承担无限连带责任。换言之，企业家需要用自己的家产偿还企业债务。这也就是本案中段总最终承担连带责任的原因。可怜临近迟暮的段总多年打拼，却一朝从"富翁"变"负翁"。

3. 税务风险

由于时代的原因，很多民营企业家在企业初期经营时便带着大大小小的"原罪"，比如案例中的段总在企业经营管理过程中始终存在偷逃税款的情形。根据我国《刑法》相关规定，偷逃税款构成犯罪的，将依法追究刑事责任。而一旦企业涉嫌犯罪，不仅公司的正常经营会受到重大的影响，而且企业主还可能会受到处以罚金或没收财产的刑罚，甚至是牢狱之灾。

【解决方案：设立家族信托】

案例中的段总是众多民营企业家的显著代表——在改革红利中创造了大量财富，伴随财富的积累而来的风险往往会在将来因市场、政策、法律等因素而爆发。因此，我们应该提前防范，未雨绸缪。正如案例中的段总本可以在风险爆发之前以其个人合法财产设立家族信托，以此减少这些风险带来的损失，为家族的存续构筑一道防火墙。设立家族信托可防范以下风险：

1. 阻断债务牵连风险，维持日常生活

信托财产一旦合法装入家族信托，基于信托财产的独立性，若日后段总发生负债，这部分信托财产不用拿来偿还债务，它能够阻断债务牵连风险。段总及其家人作为受益人仍可以按照信托合同的约定领取相应的受益金，维持日常生活。

2. 阻断税务追索风险，保护家族财产

虽然段总可能面临的牢狱之灾家族信托无法化解，但是在风险爆发前用其个人合法财产设立的家族信托能够有效阻断税务追索风险。"信托财产与委托人未设立信托的其他财产相区别"，也就是说，即便家业与企业资产混同，段总需要用个人财产补缴税款和罚款，但因为信托财产被装入信托之时起就不再属于段总个人所有，它依旧不会被追索。

3. 设置最后防线，维护家族存续发展

段总辛苦打拼的初衷在于让自己与家人过上幸福生活，未来有所保障，但事与愿违。因此在合适的时机设立家族信托确有必要。段总应当在其经济状况较好、财产净值高（即使有债务或偷逃税款的行为，其个人财产也足以覆盖其债务及欠缴税务）的时候设立家族信托，先计算出未来家人生活的刚性需求，比如自己和妻子的养老费用、老人的赡养费用、子女的教育费用等，并将相应数额的财产装入信托中，通过设计信托个性化条款有规划、有步骤地给到受益人。如此一来，即便将来企业发生极端事件，家人的生活都有基本保障。

因此，我们在创造财富的同时也要守住财富，在积累财富后要及时利用好"守富工具"——设立家族信托，给未来生活一个保障。

87. 经营"夫妻店"服装厂的 王总夫妇——"夫妻店"

【案例事实】

53 岁的王总和妻子共同经营一家服装加工厂，两人共育有一女一子。女儿 25 岁，已大学毕业但还没有结婚，儿子 18 岁，刚刚上大学。王总的父母尚健在，家庭生活幸福美满。但这两年受各种环境影响，工厂效益下滑严重，尽管王总不断转变经营策略，但仍未好转。

【风险诊断】

1. 夫妻共同经营风险

王总与太太共同经营的服装厂是典型的"夫妻店"，中国很多企业家都是夫妻共同创业打拼，积累财富。而"夫妻店"的经营模式往往面临着"企业债务家庭担，经营债务夫妻还"的风险。加之服装加工厂是典型的传统企业，容易受到互联网、电商等很多因素的影响，债务风险与日俱增。

2. 子女婚姻风险

王总夫妇育有两个子女，女儿到了婚嫁年龄，需要考虑女儿的婚前财产规划、婚后资产隔离等问题。同时也需要考虑将来财产如何传承给两个孩子，如何防范子女婚变导致财富外流等风险。

【解决方案：设立保险金信托】

王总迫切需要规划家企隔离，提前安排一笔钱来保障家人生活不受经营影响。王总选择在企业经营恶化之前，用其个人财产为自己投保总保费 500 万元的年金保险，同时设立保险金信托 2.0 版，将保险合同的投保人和受益人都变更为信托公司，从而实现资产隔离的目的。

在信托合同中，王总可约定自己、配偶和两个子女为受益人，并且对子女生活费、子女婚嫁金、创业金、配偶养老金等内容进行约定。

像王总这样的企业家对于家庭企业财富隔离的需求非常紧迫，若是等到企业已经营恶化，存在较高负债后再来规划就为时已晚，可能会涉嫌恶意逃避债务，面临被强制执行的风险。无论是保险还是家族信托，都不可能成为法外之地，决不允许任何人通过保险、信托恶意逃避税务和债务。而判定是否属于恶意逃避债务的关键在于购买保险或设立信托的时间节点。只有在还未发生债务时，便提前安排一笔钱设立家族信托，才能更好地防范将来发生债务的风险，才能有效地实现债务隔离，保障家人稳稳的幸福生活。

88. 综合财富管理需求的再婚企业家刘总

【案例事实】

56 岁的刘总先后有两段婚姻，与前妻育有两女，都已成年但尚未成家，与现任妻子育有一子，仅有 8 岁。早年刘总依靠经营加工企业积累了一笔财富，现在受国内外市场的冲击，企业效益逐年下滑，经营难有起色。好在房产政策宽松之时，刘总将大部分资金投资了不动产，均登记在刘总名下。

【财富规划需求】

第一，刘总的家庭属于再婚多子女家庭，他特别希望按照自己的意愿规划财富传承，合理分配财富，避免子女因财产分割而引发矛盾。

第二，为子女提供充足的生活、教育、职业支持，保障子女衣食无忧，同时防范子女挥霍财产，实现对其管教与激励。

第三，为子女提供婚嫁资金支持，同时防止子女婚变导致家庭资产外流。

第四，将企业债务与家庭资产相隔离，防止因企业经营不善产生连带债务风险从而影响到家庭成员的正常生活。

第五，刘总的资产配置以不动产为主，需要考虑房地产市场变动风险及日后政策变更可能需要缴纳的房地产税等影响，同时刘总现阶段的流动资金较少，在规划财富时也须考虑减轻资金压力的需求。

【解决方案：设立保险金信托】

刘总选择将一部分增值空间较小的房产变现以获取可支配资金，并将变现后的资金用于购买终身寿险，同时设立保险金信托 2.0 版。

在购买终身寿险中，刘总作为投保人、被保险人。保险合同成立后，刘总又与信托公司签订信托合同，以保险合同对应的利益作为信托财产设立保险金信托，同时将保险合同的保险投保人、受益人变更为信托公司，当保险合同约定的给付条件发生时信托公司获得信托财产并对其进行管理与运用。刘总本人、父母、配偶和子女作为信托受益人在满足信托合同设置的分配条件时，可领取相应的信托利益，如基本生活费、医疗补助、教育基金、创业基金、婚嫁及生育资金、大额消费补助、紧急备用金等。

【本方案的优势】

（1）信托财产的独立性能够保障已依法设立的保单与刘总个人及企业相关的债务相隔离。

（2）保险金信托特有的保险杠杆作用能够有效降低信托设立门槛，降低资金占用成本。

（3）信托合同灵活制定各受益人之间的分配方案和受益权比例，且可让受益人仅知晓自己的分配方案，能够有效避免子女争产。

（4）按时间、事件和特殊情况等向受益人灵活分配，能够有效防止子女挥霍。

（5）约定子女享有的信托受益权属于其个人财产，能够有效避免子女婚变分割财产的风险。

（6）通过把部分房产变现，合理优化了资产配置结构。

案例——婚姻规划需求

89. 因儿子即将"闪婚"而焦灼的何总

【案例事实】

52岁的何女士和丈夫共同经营连锁药店多年，企业经营状况良好。独生子小何现29岁，大学毕业后便进入药店工作，如今已能够独当一面。多年来儿子一直未谈女朋友，无论何总如何催婚小何均无动于衷。但小何最近却突然告诉何总，打算近期与当地艺术学院的女朋友结婚，理由是刚交往的女朋友意外怀孕。小何即将闪婚的消息令何总夫妻措手不及，一方面是因为何总夫妻对"从天而降"的准儿媳缺乏了解；另一方面是何总夫妻多年打拼的大部分财产都登记（包括多套房产、商铺、车辆、公司股权）在儿子名下。因此，小何的婚前财产规划迫在眉睫。为此，何总曾咨询律师朋友，律师建议何总可以让儿子和准儿媳签订《婚前财产协议》，约定双方在婚前和婚后取得的财产归各自所有。但该提议遭到儿子的强烈反对，儿子正处在热恋期，一百个不情愿，甚至觉得妈妈的要求不近人情。面对儿子的不理解，何总百般委屈。

【风险诊断】

家庭主要财产放在儿子小何名下，儿子小何"闪婚"，如若婚变，可能导致家庭财产大量外流。

【解决方案】

1. 针对房产

婚前全款购买的房产自然是儿子小何的婚前个人财产，而以按揭贷款购买的房产儿子在婚后的还贷金额及其对应的房产增值很可能被认定为夫妻共同财产。基于此，何总夫妇可以每月把还贷金额汇入儿子的还款账户，该账户仅用来还房贷。同时，与儿子小何签订单方赠与协议，约定何总夫妇每月汇入的款项是对儿子的单方赠与，不属于儿子、儿媳的夫妻共同财产。并让儿子重新开立新的账户，用于婚后小夫妻日常开支，避免婚前婚后财产混同。以此保证儿子小何名下的房产属于其个人财产。

2. 针对股权

因何总夫妇所经营的医药行业具有广阔的前景，而登记在儿子名下的大量股权也拥有较高的增值空间。根据我国《民法典》相关规定，儿子名下的大量股权增值部分属于婚后夫妻共同财产。在儿子小何不愿意婚前与准儿媳签订《婚前财产协议》的情况下，何总可以有如下两种方式避免股权外流：第一种方式是直接收回儿子小何所持股权。何总夫妇可通过买卖或赠与的方式将儿子小何名下的股权转移登记至自己名下，但可能会因此产生相应的转让成本。第二种方式是间接持有儿子小何所持股权。何总夫妇可与儿子小何签订《股权代持协议》，明确夫妇二人为儿子所持股权的实际所有人，由其享有资产收益、参与重大决策、选择管理者等股东权利，同时可以股东会决议的形式取得其余股东对该代持关系的认可。以此避免儿子小何名下的股权在婚后的收益因婚变而外流。

3. 针对现金资产

何总可选择投保两份人寿保险，同时设立保险金信托计划。

第一份保险是终身年金保险，由何总作为投保人和身故受益人，儿子小何作为被保险人。作为被保险人的儿子每年从保险公司领取到的生存年金和分红属于个人财产。万一儿子小何不幸先于何总离世，作为身故受益人的何总可领取身故受益金，从而有效避免了家族财富外流。

第二份保险是终身寿险，保险保额为 1000 万元，同时设立保险金信托计划，投保人和被保险人均为何总，儿子以及尚未出生的孙子女为受益人。同时，在信托合同中可从以下几个方面统筹安排：对受益人生活费、婚嫁金、创业金等进行安排；增加防范婚姻变动而导致家庭财富外流的条款，约定受益人领取的信托利益为其个人财产，不作为夫妻共同财产；附加一些不得领取受益金的特殊条款，以此防范家庭财产外流。

通过以上方式，能够使何总在实现家庭财富有序传承的同时，有效防范子女因婚变导致财富外流的风险。

90. 与女婿关系不睦的陈总

【案例概述】

20世纪90年代下海经商的陈总，经过数十年打拼，成为资产过亿的成功人士。同时，陈总拥有一个令人羡慕的家庭，与太太恩爱有加，育有一双儿女，女儿工作稳定，已经成家，儿子初中在读。在外人看来，陈总是典型的人生赢家，但陈总内心却有着难以言说的重重烦恼：一是，由于自己最初对女儿的婚姻持反对态度，在女儿婚后与女婿鲜有交流，导致自己与女婿的关系始终不融洽；二是，当前自己年过半百，身体每况愈下，担忧尚未成年的儿子将来是否愿意接管企业或是没有能力接管企业，无法承担起经营管理企业的重担；三是，陈总太太的兄弟姐妹众多，经济条件都不好，一直寄希望于攀附陈总，陈总倍感无奈。

【财富规划需求】

（1）担心女儿婚变导致财富外流，希望自己给到女儿的财产能牢牢掌控在女儿手中。

（2）担心儿子未来不愿或没有能力继承家业，导致家业衰落、家产缩水或外流。希望自己创造的家业能够保障儿子及后代富足的生活。

（3）担心太太在自己去世后，无底线地动用家产接济娘家人，导致太太和子女的生活品质下降。希望自己去世后能对太太的娘家帮扶行为进行适当约束。

（4）担心将来家人因继承家产引发家庭矛盾，希望家庭成员和睦，家庭财富有序传承。

【解决方案：保险金信托】

陈总可以给自己投保一份大额人寿保险，待保险犹豫期经过后，设立保险金信托。将太太、女儿和儿子作为信托受益人，将自己弟弟设为信托监察人。同时，在信托合同中可设计如下条款：一是，每年给太太固定的养老金；二是，每年给两个孩子固定的基本生活费，如果儿子尚未完成学业，除基本生活费外，还将每年额外给付教育金；三是，儿子结婚时给付祝福金，女儿和儿子生育子女时给付生育金；四是，子女因本合同取得的所有信托利益均归其个人所有，与其配偶无关；五是，如果自己的亲人或太太娘家人生活确有困难，满足相应条件可领取一定额度内的生活补助费用。若陈总身故，信托账户就开始根据信托合同运作并据上述条款进行分配。

该解决方案能够满足陈总的财富管理需求，不仅可以防范子女的婚变风险、家产缩水外流风险、家人内斗风险，并且该方案还安排了陈总最信赖的弟弟作为信托监察人，确保信托的有效运行。

91. 即将离婚，对子女抚养费有争议的年轻高管张先生

【案例事实】

38 岁的张先生是某外企高管，收入颇丰。2014 年，张先生与刘女士步入婚姻殿堂，双方婚后育有一子，年仅 8 岁。刘女士在婚后放弃稳定的工作全身心投入家庭，成为一名全职太太，家庭收入主要来源于张先生。后因男方出轨导致夫妻感情破裂，目前二人正在协议离婚：第一，针对儿子的抚养权，双方同意归女方所有；第二，针对夫妻共同财产，双方愿意将主要财产给到儿子，剩余部分再进行分割，但双方对财产如何给到儿子产生巨大分歧。刘女士希望一次性给到儿子，张先生无须再支付抚养费。而张先生坚决不同意将财产一次性给儿子，他认为张女士日后大概率会再婚，一次性给到孩子的财产存在被侵占、挪用的风险。

【解决方案：设立家族信托】

张先生与刘女士共同作为委托人，将准备给到儿子的共同财产（≥1000 万元）作为信托财产设立资金家族信托。受益人为儿子，分配事项覆盖生活费、学业支持、婚育祝福、事业支持、大额消费补助、医疗支持等多方面。儿子 35 周岁前，如涉及受益人及分配条件的变更，均需两个委托人共同签字确认。

通过以上方案化解了张先生和刘女士的分歧、实现了双方诉求，令夫妻主要的共同财产用于儿子的成长生活，同时规避了未来双方如果再婚再育影响儿子利益的风险。

案例——传承规划需求

92. 手握数十套房，担心房产税开征的吴总

【案例事实】

2009 年 5 月，吴总经营的数座煤矿被收归国有，由此得到一笔大额补偿款。多年沉浮商海的经验让吴总在选择新的投资方案异常谨慎，2013 年，吴总经多方考虑后将补偿款全部投资房地产，购买了二十几套住宅和商铺。随后正好赶上了房地产的红利期，其购买的房子价格暴涨。但从 2020 年以后，房地产市场持续低迷，全国各地房价下跌。更令吴总忧心的是，我国已在部分城市试点开征房地产税，未来在全国范围内开征收房地产税势在必行；同时吴总还担心我国未来会开征遗产税。如此一来，其房产持有和传承的成本会大大增加。

另外，吴总婚史复杂，曾有过三次婚姻，分别育有一女、一女一子和一子。四个子女中，大女儿已经结婚成家并育有一子，而其他子女均未成家，最小的儿子年仅 10 岁。吴总希望自己百年之后，其拥有的财富能够帮助四个子女过上富足的生活，避免子女因争产而对簿公堂。

【财富规划需求】

第一，担心开征房地产税。吴总的大量资产集中在房地产，缺少金融资产的配置。面对即将开征的房地产税，不仅会对未来房价产生极大的影响，而且还会大大增加房产的持有成本。以当前试点上海、重庆发布的相关规定来看，在上海若家庭人均住房面积超过 60 平方米时，从第二套房就需要每年缴纳房地产税，上海试点初期的税率是 0.6%；而重庆在扣除免税面积后，独栋商品住宅和高档住房建筑面积税率最高达

1.2%。因此，专家预测若未来全面开征房产地税，全国各地极有可能根据其实际情况征收税率 0.5% 到 2% 之间。

第二，避免传承纠纷。婚史复杂，家庭成员越多意味着其责任越大，同时背后的矛盾冲突也越多。吴总最不愿意看到的就是在自己去世后，子女们上演争产闹剧，他希望留给家人的财富是礼物和祝福，而不是亲人反目的枷锁和束缚。

第三，保障幼子的生活。当前吴总正处于第三段婚姻中，他很担心若自己去世得早，小儿子还是未成年，一旦现任妻子改嫁，幼子的生活和教育难以得到保障。

【解决方案】

1. 巧用金融工具

吴总可选择将部分房产变现，将变现后的钱用来购买大额保单，同时设立保险金信托。因吴总的债务风险并不大，所以选择设立保险金信托 1.0 版，即吴总作为投保人、被保险人，受益人变更为信托公司。吴总可把妻子和四个子女作为信托受益人，并附加受益人领取信托财产的各种条件，比如：

（1）子女教育金

任一子女考上国内重点大学的，给予一次性奖励 10 万元；考上国外著名大学的，提取 20 万元作为激励；顺利获得硕士和博士学位的，分别获得 30 万元和 50 万元的奖励。

（2）子女生活费

任一子女在 30 周岁之前每季度可获得生活费 6 万元。

（3）妻子养老费

因吴总是三婚，其资产主要都是婚前财产，设立的信托财产本质上是个人财产，所以他可以自由设定关于妻子养老费的条款。如妻子在孩子成年前不改嫁，认真抚养孩子，每季度可领取生活费 15 万元，孩子成年后一次性获得 50 万元；妻子在孩子成年前改嫁的，则取消妻子领取信托利益的权利。

（4）循环投保条款

为给予家人更充分的保障而设置该条款，如在家族信托合同中约定，家族信托中的受益人每人购买一份保额不低于 200 万元的人身意外险和重疾险，身故受益人是该信托，重疾受益人是购买人本人。购买前述保险时可在家族信托受益金中领取 50 万元作为投保资助金。受益人购买人身险的保费来源于信托，当受益人发生意外或疾病身故时，保险身故理赔金则进入该信托账户，使信托财产得以扩充，如此循环往复，确保家族信托拥有更多的信托资金可分配给其他受益人。

2. 善用法律工具

吴总通过设立保险金信托 1.0 版，使得各受益人之间有着明确的分配金额和分配方案，既保障了妻子和四个子女的生活，又有效避免子女争产的风险。此外，除了金融工具吴总还可运用法律工具，如设立遗嘱解决自己名下没有变现的房产和其他实物资产的传承问题。有了法律工具的助力，吴总的财富传承方案将更加完美。

关于财富传承，我们一定要树立综合运用法律工具和金融工具的意识。一般来说，金融资产利用金融工具进行传承，而实物资产运用法律工具进行传承。只有将法律工具和金融工具有机结合，家族财富才会传得稳、传得好、传得久。

93. 大量资产由他人代持的崔总

【案例事实】

崔总现年 42 岁，是一家影视文化公司的老总，手中持有大量现金。在与第一任妻子离婚后，一半的财产被前妻分走，他独自带着未成年的一子一女生活。后经人介绍，崔总与廖女士结识，并打算结婚。结婚前，崔总有两大顾虑：如果自己在婚后发生意外，与前妻所生两个孩子的生活由谁照顾，以及自己婚前的大量现金是否会因与婚后财产混同而被法院认定为夫妻共同财产。崔总在听取了朋友的建议，在婚前，将手中的大量现金悄悄转移到了父亲的账户，请父亲代为持有。然而天有不测风云，两年后父亲因突发脑溢血去世，崔总的妹妹在知道父亲的账户中存有大量资金后，要求将其作为父亲的遗产进行分割。最终，兄妹二人只能对簿公堂。因崔总与其父亲没有签订书面的代持协议，无法证明双方代持关系，法院判决该笔资产为父亲的遗产，由父亲的继承人共同继承分割。而廖女士在知道这件事情后，也选择了与崔总离婚，崔总最终"鸡飞蛋打"。

【风险诊断】

1. 资产代持的道德风险

资产代持作为一种经济行为，往往基于信任关系而发生，即委托人出于对亲朋的信任，将自身的资产委托给对方代持。可是，面对巨大的利益诱惑，代持人的道德堤防一旦崩塌，矢口否认代持关系，将会带来巨大的风险。

2. 资产代持的法律风险

即使代持人道德水平高尚，依然存在法律隐患，比如若代持人离婚，代持人配偶可以共同财产为由要求分割代持人名下的所有资产；若代持人发生债务风险，债权人可要求代持人以其名下资产进行清偿；若代持人意外身故，代持的资产可能会被代持人子女当作遗产进行分割。

【解决方案：家族信托】

崔总可选择在婚前，自己作为委托人设立家族信托。这样可以避免婚前婚后财产混同，防范婚姻风险，也保障自己与子女的生活，实现财富有效传承。如果崔总基于各种原因不愿意或不方便自己作为委托人，也可以将拟设立信托的财产交付给父亲，由父亲做委托人，崔总自己及与前妻所生的子女做受益人，设立不可撤销的家族信托。同时，由崔总做家族信托的监察人，并通过信托合同中赋予其管理信托财产、变更分配方式和受益人等权利。

94. 传承安排迫切的高龄李总

【案件事实】

年过八旬的李总，经过大半辈子的辛苦打拼，积累了大量财富，但他同时也面临着传承难、难传承的窘境：李总在第一任妻子意外去世后与其小姨子领了结婚证，目前李总膝下只有与第一任妻子所生的一个女儿，女儿已结婚并育有一未成年儿子，而女儿与女婿的感情平淡，常因家庭财产投资规划问题引发矛盾。李总希望自己百年之后，其财产能够全部留给女儿与外孙，但又担心若女儿在自己走后突发意外或婚变，财产被女婿分走。面对李总的希冀与担忧，想设计出一份既能把财富传承给女儿与外孙，同时又可避免财富外流的传承方案。

【风险诊断】

1. 女儿发生意外或婚变带来的风险

一是发生意外导致财富外流。若女儿一旦发生意外，女婿作为配偶属于第一顺位继承人，可以继承女儿留下的遗产，可能会导致家族财富外流。

二是发生婚变导致财富外流。李总希望自己辛苦奋斗一生的财富都能给到女儿。但是根据《民法典》第1062条的规定，夫妻在婚姻关系存续期间，无论是通过继承或者受赠的方式获得的财产，均属于夫妻共同财产。如果李总不提前特别安排，将来百年之后女儿通过继承得到的巨额遗产，女婿有一半的份额。若女儿发生婚变，必将导致家族财富大量外流。

2.隔辈传承带来的风险

一是孙辈年幼财富被侵害的风险。未成年人的人身、财产都处于监护人的控制之下，可能面临监护权被滥用的风险。如果李总把大量财产传承给未成年的孙子，可能会被强势的女婿控制、挪用。万一女儿女婿发生婚变，孩子抚养权归女婿，则可能导致外孙名下的财产被女婿侵害。

二是孙辈心智尚未成熟，过早掌握大量资产，可能存在挥霍败家的风险。

【解决方案：家族信托】

面对上述风险，李总可以选择多种解决方式，但要全面解决上述难题，最好的工具还是家族信托。李总可以将大部分财产作为信托财产设立家族信托，以本人、太太、女儿和外孙作为受益人，以专业的第三方机构律师事务所作为监察人。由信托公司按信托合同的约定管理信托财产并将信托利益分配给受益人，同时在信托合同中明确约定女儿与外孙应本合同取得的所有信托利益均属于个人财产。

该方案不仅能够保障李总和太太的高品质养老生活，还能够实现将财富有序传承给女儿和外孙的目的，亦能够防范女儿因婚变而导致财富外流的风险。

95. 有特别家庭成员需要照顾的肖女士

【案例事实】

49岁的肖女士刚离异，与父母和被确诊患有自闭症的10岁儿子共同生活，肖女士还有一个哥哥。自闭症儿子经过多年的治疗和训练仍未明显好转，无奈的肖女士只能接受孩子直至成年都难以自理、难以独自在社会生活立足的现实。因此，肖女士对于父母和自己的养老生活、儿子将来的生活保障等问题深感忧虑。

【财富规划需求】

肖女士最担忧的事情莫过于自己年老或百年以后，自闭症儿子的生活应如何得到保障。

【解决方案】

1. 订立遗嘱

肖女士可以设立遗嘱将财产留给儿子，防范自己先于父母去世发生法定继承所带来的风险，即肖女士的遗产会被分成3份，由其父其母和儿子均等继承。其父母继承了肖女士2/3的财产后，如果再离世，则肖女士的哥哥有权继承该部分遗产。同时，肖女士可通过遗嘱指定儿子的监护人，保障儿子在自己去世后还能够得到有人照料。但此安排存在两个的问题，比如：监护人能否正常履行照顾自闭症儿子的职责？监护人是否损害自闭症儿子的利益？

2. 设立保险金信托

为了解决设立遗嘱后所遗留的问题，肖女士可选择设立保险金信托，具体操作如下：

（1）肖女士自己作为投保人和被保险人，购买大额终身寿险，约定身故保险金的受托人为信托公司。

（2）在信托合同中约定信托受益人为肖女士的父亲、母亲和儿子，并对受益的比例进行明确约定，保障父母养老的同时，将主要财产权益给到儿子。

（3）如果肖女士与哥哥感情较好，可以在信托合同中约定哥哥作为信托监察人，以保证信托计划的执行。如果感情并不好，可以选择口碑好的律师事务所作为监察人。

（4）在信托合同中约定肖女士的儿子每月可领取 5 万元作为生活和医疗的费用，直至去世。如需大额医疗费用，监察人可凭医院出具的证明向信托公司申领专项费用。

该解决方案的优势在于：一是，通过遗嘱实现财富指定传承，尤其针对房产，明确留给儿子以实现儿子将来的居住保障；二是，通过遗嘱指定监护人确保有人实现将来对儿子的监护照料；三是，设立保险金信托，将存款通过信托合同分期附条件给到儿子，满足儿子的生活、医疗、护理等资金需求。

对特殊家庭成员的照顾是个社会性难题。我们要巧用遗嘱和信托，实现不同资产的配置，满足不同的需求。从制度上实现即使家人不在，特殊家庭成员仍可持续获得保障，同时避免了遗产一次性给付给无行为能力的特殊家庭成员可能造成的各种风险。

96. 心怀家国的退伍创业老兵聂总

【案例事实】

50岁的聂总是一名退伍老兵，在部队领导和地方政府的扶助下，和几个战友一起创业，事业风生水起。一方面，聂总深知自己的成功离不开国家政策的支持、地方政府的扶持和他人的帮助，由衷感恩给予自己帮助的人，希望能够做一些事来回报社会和国家；另一方面，关于是否将财富传承给子女，聂总的观念是要留，但不要留太多。

林则徐曾说："子孙若如我，留钱做什么，贤而多财，则损其志；子孙不如我，留钱做什么，愚而多财，益增其过。"聂总对此深感赞同，曾多次在公开场合表达："子不如父，留之何用；子强于父，留之又何用。"

【财富规划需求】

保障子女基本生活的同时，将自己积累的大部分财富用于回报社会，希望能够帮助到更多的人。

【解决方案】

聂总决定用家族信托完成他的慈善计划，但这个计划和慈善信托有着非常大的区别。聂总选择用存款设立资金类家族信托，并在信托计划中做如下安排：

（1）设立投资委员会：在资金进入信托账户后，由投资委员会开始投资运作，计划年收益8%左右，超额收益的40%由投资委员会成员分享。

（2）设立慈善委员会：把每年信托财产投资净收益的 70% 用于慈善工作，主要方向是贫困儿童的基础教育、年轻人的大学教育和创业基金等，具体由慈善委员会执行。

（3）子女生活金：将每年信托财产投资净收益的 20% 平均分配给子女作为生活金。

该方案既能利他做慈善，又能利己有收益，满足了委托人践行慈善公益和传承家族财富的诉求。

97. 不婚主义的独立女性胡总

【案例事实】

胡总，现年 35 岁，出生于高级知识家庭，在良好家境下深受先进知识的熏陶，成长为一位聪慧笃定、思想独立，敢想敢做、眼界宽广的女性。随着 2015 年电商的迅猛发展，她敏锐抓住直播风口，直播首月破千万，团队年销 3 亿元，成为当之无愧的直播带货女王。随后胡总成立了自己的公司，截至目前身家过亿。在商场上胡总雷厉风行，独当一面；在生活中她是名副其实的独立女性、不婚主义者。但最近，胡总的闺蜜突发疾病去世，当闺蜜的父母还沉浸在失去女儿的痛苦时，闺蜜作为大股东的公司却被其他股东控制并架空，公司面临破产，两位老人晚年生活难以保障。胡总不禁联想到了自己，万一自己发生意外，如何保障父母的晚年生活？万一自己到了晚年，又如何保障自己高质量的生活？

【解决方案：家族信托】

胡总可选择自己作为委托人，自己与父母作为受益人设立家族信托。在设计信托利益分配方案时可以量身定制个性化条款，保留添加受益人的权利等。这为自己及父母的生活品质、医疗护理等多方面开销提供了保障，在当下给父母构建一个确定的未来，给自己未来的养老储备充足的资金。随着年龄的增长胡总的人生观也可能发生变化，不排除结婚、生子、收养子女等各种可能，在信托中保留添加受益人的权利，亦给胡总保留了更多的选择空间。

98. 有外籍子女财富安排需求的熊先生

【案例事实】

财富全球化、身份全球化是超高净值客户家族的一个显著特征。许多中国家庭中的成员拥有外籍身份（享有外国永久居留权或已入境），且以二代、三代居多，此时不得不面对的就是因受益人是外籍而面临的一系列的跨境风险问题。

熊先生，当地 4S 连锁店企业主，资产主要分布在国内，两段婚姻，与前妻生的大女儿目前居住香港，即将结婚；与现任太太育有一个美国籍的孩子。

【财富规划需求】

目前熊先生有三大焦虑：

（1）企业转型，如何避免企业经营风险影响家庭财富？

（2）如何弥补对大女儿的亏欠，让传承的财富作为对大女儿新婚的祝福？

（3）国内财富传承给美籍儿子需要提前考虑哪些税务风险？

【解决方案】

第一，针对熊先生的首要需求风险隔离，可以设计不可撤销信托，熊先生作为委托人，前妻所生的大女儿、现任配偶作为受益人。这既规避企业经营风险，又弥补了对大女儿的亏欠。

第二，美籍儿子不纳入直接信托受益人，其份额由母亲代持。未来由母亲指定赠与给美籍儿子，财产转到美籍儿子名下无赠与税。

针对熊先生隔离企业风险需求，设立不可撤销信托，直接有效隔离了企业风险，同时将大女儿列为信托受益人弥补其亏欠。但不能直接将美籍儿子设为不可撤销信托的受益人，因为直接设立美籍受益人，当委托人死后，该信托面临着被认定为 FNGT，从而带来税务风险及其他问题。

FNTGT（Foreign Non-Grantor Trust）是指外籍非赠与人信托，在委托人离世后美国国税局可能会认为在不可撤销信托中美籍人士享有对信托的控制权，而认定为美国信托。一旦被认定为 FNGT，带来以下风险：

第一，美籍受益人将产生美国税务责任，会就其收到的信托财产分配（不论来源于信托本金还是信托收益）需要向 IRS 申报并缴纳个人所得税，极有可能面临高达 37% 的"联邦个人所得税"。

第二，在信托就委托人生前所产生的累计收入（accumulated income）向美籍受益人分配时，作为反递延纳税措施之一，该等分配还将进一步适用"扔回原则（throwback rules）"，即不区分收入或所得是否来源于美国境内，该等分配将从信托实现该笔收入或者所得当年开始计算，按照历年最高的所得税率标准进行征税，同时还将根据该等收入或所得过往所累积的时间按照年度缴纳数额不等的利息或者罚息。

面对上述风险及问题，该方案中设计了美籍儿子的份额由母亲代持，未来由母亲指定赠与给美籍儿子，不涉及赠与税。但须注意了，当美籍儿子收到母亲赠与的财产后，其未来美籍后代对财产的再继承可能也会面临美国联邦遗产税，建议提前筹划。不过，上述信托框架已经完美解决了熊先生的担忧，满足了熊先生设立信托的意愿。

99. 总结：哪些人群适合家族信托？

通过前文大量的案例解析，相信你对家族信托有了较为清晰的认识。那么哪些人群适合设立家族信托呢？笔者做了如下总结供参考：

第一类人群，多子女的家庭

孩子多责任大，手心手背都是肉，多子女的家庭一定要提前做好财富传承规划，照顾到每个子女。中国有句古话"不患寡而患不均"，父母给子女财产也希望能够做到雨露均沾，虽然财富安排不是绝对的平均主义，但是要平衡好，避免子女因内心不平而引发家庭矛盾。

第二类人群，子女即将婚嫁的家庭

中国父母普遍会给即将结婚的子女一定的财产，且无论是孩子结婚前还是结婚后，都会竭尽所能地给小家庭财富支持。但是法律规定，父母给已婚子女的财产原则上属于夫妻共同财产，除非明确表示单独赠与一方。但受传统观念束缚，很多父母不愿意提前签署这类单方赠与协议。可在离婚率持续走高的今天，无疑埋下了巨大的隐患。信托可以较好地解决这个问题，即在设立受益人时，注明受益人为子女本人，受益权与其配偶无关，受益财产为子女一方的个人财产。

第三类人群：再婚家庭

再婚家庭子女多，且人员关系复杂。子女之间关系可能并不融洽，所以在继承发生时，可能产生巨大的冲突和矛盾。建议提前通过家族信托进行财富传承安排，并且可以设置保密条款，避免家族矛盾。

第四类人群：有非婚生子女的家庭

我国在法律上规定了"一夫一妻制"，但现实生活中也存在着许多非婚生子女的情形，为了保护无辜的非婚生子女，《民法典》规定了非婚生子女与婚生子女享有同等的继承权。但非婚生子女由于信息不对称、受到家族排挤，往往在继承上很难实现权利。此时更需要运用家族信托提前做安排，避免非婚生子女的权利无法得到保障。

第五类人群：希望照顾家族其他成员的人群

有很多朋友创业致富之路走得并不容易，其间少不了亲戚朋友的帮助。他们创造财富后不仅仅希望自己的小家庭富裕，也希望能够带领整个家族实现共同富裕。这样的人群可以选择家族信托，在信托合同中把家族其他成员列为受益人，并附加一些资助条件帮扶其他的家族成员。

第六类人群：企业家

企业家面临的风险是多重的，个人责任与企业责任、债务风险与刑事风险相交织。企业经营过程中面临的风险不仅是市场的风险，比如疫情的影响、国际形势的影响、国家政策的影响等，还面临经营合法合规的风险，比如企业个人财产混同可能面临连带责任的风险、企业融资担保的债务风险、偷逃税款的风险、侵占或者挪用公司财产面临的刑事责任风险等。因此，每位企业家都需要提前规划，用一笔无瑕疵的财产设立家族信托，实现资产的隔离，给家人一份专属的保障。近两年来，风险防范意识较强的企业家们纷纷选择提前设立家族信托来隔离风险，有了充足的后备保障，企业家亦可以更加放心去投资经营。

第七类人群：有资产代持的人群

有很多人基于各种原因考虑会把自己名下的财产，比如房产、股权登记在别人名下，这种行为在法律上称为代持——他人代为持有。他们一般都会选择自己最信任的朋友或者亲戚，但仍然面临诸多不确定的风险。比如道德风险、代为持有人的婚变风险、代为持有人的继承风险、代为持有人的债务风险等。

针对存在资产被代持的情形，建议把代持资产转化为保单，由代持人作为投保人设立保险金信托 2.0 版。这不仅能够有效地防范因代持人意外去世代持资产变成遗产的风险；也可以有效隔离资产，避免保单被作为代持人的财产被其债权人执行；同时保单的流动性比现金弱，隐蔽性更强，安全性更高。

第八类人群：想做隔代传承的家庭

孙子女并非第一顺序法定继承人，但很多高净值客户都希望能够把财富直接传承给孙子女。但高净值客户一方面顾虑目前孙子女年纪较为幼小没有管理财富的能力，另一方面担心给到孙子女的财富可能会面临被挪用、挥霍等风险。对此，这一类人群就非常适合通过信托来进行安排，在信托合同中可设立各种条件及附加义务，以此达到财富传承和正向引导、激励子孙后代的作用，实现物质财富和精神财富双传承。

第九类人群：子女年幼或身体有缺陷需要长期被照顾的家庭

随着长寿时代的到来，以及国家二胎、三胎政策的推行，大龄父母人数激增，他们更担心幼子的成长。还有另一类家庭由于子女身体或精神有缺陷，更需要被长期照顾，甚至终身照顾。以上家庭，就迫切需要家族信托架构进行全面安排。

附录

家族信托合同常用附表参考

附表 1 　《信托设立确认书》

一、信托基本要素

家族信托 99 问

198

	信托设立要素信息			
1	委托人姓名		性别	
	证件类型和号码	身份证：		
	身份证有效期			
	婚姻状况			
	是否为他国/地区税务居民			
	联系地址			
	联系电话			
	电子邮箱			
	紧急联系人	姓名		
		联系地址		
		联系电话		
		电子邮箱		
2	初始信托财产	委托人交付的货币资金不低于：人民币【10 000 000】元（人民币大写：【壹仟万元】）。具体以委托人实际交付给受托人的资产为准。		
3	信托财产专户信息	户名		
		开户行		
		账号		
4	信托期限	无固定期限。自本信托生效之日起始，若出现本合同【17.1】、【17.2】条所约定的情形时，本信托终止（含提前终止与延期终止）。		
5	监察人的指定			
6	监察人权利的特别约定			
7	投资代表的选任			
8	投资代表变更的特殊约定			
9	投资顾问的聘任			
10	投资顾问变更的特殊约定	--		

二、信托分配计划

			受益人 A
1	受益人 A	姓名	
		证件类型和号码	身份证：
		身份证有效期	
		职业	□政府部门；□科教文卫；□金融业；□商贸业；√□房地产业；□制造业；□自由职业；□信息网络业；□其他_____
		顺位安排	
		信托受益权的初始比例	
		联系地址	
		联系电话	
		电子邮箱	
2	与委托人关系		□父/母亲；□本人；√□配偶；□父子/女；□母子/女；□祖孙子/女；□外祖孙/女；□其他_____
3	分配账户	开户银行	
		银行账（卡）号	
4	紧急联系人	个人姓名	
		联系地址	
		手机号码	
5	定期分配规则	1	暂无设置
			金额及频次限制：无
			特别约定：无。
6	临时分配规则		受益人可向受托人提交《信托利益分配申请函》，向受托人申请分配信托利益。
			金额及频次限制：分配次数不限，分配金额不限。
			特别约定：受托人以届时该受益人信托利益账簿中的货币金额余额为限，向受益人分配信托利益。

			受益人 B
1	受益人 B	姓名	
		证件类型和号码	身份证：
		身份证有效期	
		职业	□政府部门；□科教文卫；□金融业；□商贸业；□房地产业；□制造业；□自由职业；□信息网络业；√□其他_____学生_____
		顺位安排	
		信托受益权的初始比例	

2		与委托人关系	□父／母亲；□本人；□配偶；√□父子／女； □母子／女；□祖孙子／女；□外祖孙／女； □其他＿＿＿＿
3	分配 账户	开户银行	
		银行账（卡）号	
4	紧急 联系 人	个人姓名	
		联系地址	
		手机	
5	定期 分配 规则	1	暂无设置
			金额及频次限制：无
			特别约定：无。
6	临时 分配 规则	受益人年满18周岁后，可向受托人提交《信托利益分配申请函》，向受托人申请分配信托利益。	
		金额及频次限制：分配次数不限，分配金额不限。	
		特别约定：受托人以届时该受益人信托利益账簿中的货币金额余额为限，向受益人分配信托利益。受益人提交《信托利益分配申请函》需附委托人签字确认。委托人发生特殊情形后，受益人可自行申请，无需他人签字。	

受益人 C

1		受益 人 C	姓名	
			证件类型和号码	身份证：
			身份证有效期	
			职业	□政府部门；□科教文卫；□金融业；□商贸业；□房地产业；□制造业；□自由职业；□信息网络业；√□其他＿＿＿＿幼儿＿＿＿＿
			顺位安排	
			信托受益权的初始比例	
2		与委托人关系		□父／母亲；□本人；□配偶；√□父子／女； □母子／女；□祖孙子／女；□外祖孙／女； □其他＿＿＿＿
3	分配 账户	开户银行		
		银行账（卡）号		
4	紧急 联系 人	个人姓名		
		联系地址		
		手机		
5	定期 分配 规则	1		暂无设置
				金额及频次限制：无
				特别约定：无。

6	临时 分配 规则	受益人年满18周岁后，可向受托人提交《信托利益分配申请函》，向受托人申请分配信托利益。
		金额及频次限制：分配次数不限，分配金额不限。
		特别约定：受托人以届时该受益人信托利益账簿中的货币金额余额为限，向受益人分配信托利益。受益人提交《信托利益分配申请函》需附委托人签字确认。委托人发生特殊情形后，受益人可自行申请，无需他人签字。

信托利益分配规则

  信托生效后，受托人按照约定的信托受益权的初始比例为每个受益人设立信托利益账簿，初始交付信托财产为资金的部分，按照各受益人享有的信托受益权的初始比例计入各受益人的信托利益账簿；初始交付信托财产为财产权的部分，则在对应的财产权变为资金形态后，按照各受益人享有的信托受益权的初始比例计入各受益人的信托利益账簿。信托存续期间，委托人追加资产的，追加资产的资金部分按照各受益人享有的信托受益权的初始比例计入各受益人的信托利益账簿；追加资产的财产权部分，在对应的财产权变为资金形态后，按照各受益人享有的信托受益权的初始比例计入各受益人的信托利益账簿。受益人申请信托利益分配的，则分配金额从该受益人信托利益账簿所记载金额中扣减，各受益人享有的信托受益权比例相应调整。信托财产管理运用所取得收入按照届时各受益人享有的信托受益权比例计入各受益人的信托利益账簿。受益人申请信托利益分配的总额不超过该受益人信托利益账簿所记载的金额。

  委托人需告知受益人其享有的信托利益分配安排。前一顺位受益人需告知后一顺位受益人（如有）其享有的信托利益分配安排。

信托受益权流转规则

  1. 当第一顺位受益人身故时，若有与该受益人对应的后一顺位受益人，则后一顺位受益人开始享有该受益人的信托受益权。若与该受益人对应的后一顺位受益人存在多人，则后一顺位受益人享有的信托受益权份额根据委托人或前一顺位受益人向受托人提交的受益人顺位变更申请进行确定，若委托人或前一顺位受益人未明确后一顺位受益人享有的信托受益权份额，则后一顺位受益人平均享有前一顺位受益人的信托受益权份额。后一顺位受益人享有的信托受益权份额总和不超过前一顺位受益人享有的信托受益权份额。当第一顺位受益人身故时，若没有与该受益人对应的后一顺位受益人，则该受益人的信托受益权份额由其他生效受益人平均享有。

  2. 当第一顺位受益人放弃或被取消受益权时，该受益人的信托受益权由其他生效受益人平均享有。

信托受益权的特别约定

  1. 任一受益人享有的信托受益权及基于其信托受益权取得的利益（包括信托利益及剩余信托财产）均为其个人财产，不属于其夫妻共有财产。

  2. 信托存续期间，任一受益人享有的信托受益权不属于其遗产，不得用于继承。

  3. 任一受益人的信托受益权不得用于清偿债务，不得在该信托受益权上设立信托、担保或其他权利负担。

4. 任一受益人的信托受益权不得转让、部分转让、质押或者通过其他方式将其信托受益权份额转由第三人享有。

5. 任一受益人对截至其身故、放弃或被取消信托受益权并经受托人确认之日前尚未分配的信托利益不再享有权利。

	受益权放弃、受益权变更及受益人顺位变更	
1	受益权放弃	本信托存续期间，受益人可以放弃其全部信托受益权。受益人放弃信托受益权的，应向受托人提交经公证机构公证的载明放弃内容等事项的书面放弃文件。自该书面放弃文件送达受托人并经受托人确认之日，该受益人不再为本信托的生效受益人。但在书面放弃文件载明的放弃日期后、书面放弃文件送达受托人并经受托人确认前，该受益人已获分配的信托利益无须返还。
2	受益权变更	本信托终止前，委托人有权向受托人发起生效受益人及后一顺位受益人变更及增减申请以及分配计划变更申请，可变更内容包括新增部分受益人并为新增受益人设置对应的分配规则、取消部分受益人的信托受益权或调整受益人的信托利益分配规则、以及因增减受益人导致其他受益人享有的信托受益权份额相应调整。经受托人审核确认后生效。 《信托分配计划变更申请函》所载明内容的生效时间以受托人书面通知为准。受托人书面通知该等变更事项完成前，被取消信托受益权的受益人已获分配信托利益无需返还，按照变更前分配规则分配的信托利益亦无需相关受益人返还。
3	受益人顺位变更	本信托存续期间，委托人、生效受益人均可通过提交《受益人顺位变更申请函》及相关证明材料向受托人申请将与生效受益人有血缘关系的子女及子女的后代增补为与生效受益人对应的后一顺位受益人，并为该后一顺位受益人设置【信托受益权份额】和对应的信托利益分配规则。受益人不可对由委托人提交申请并已经受托人确认完成的后一顺位受益人顺位变更事宜进行变更。委托人可对由受益人提交申请并已经受托人确认完成的后一顺位受益人增减事宜进行变更。 增补后一顺位受益人范围为与生效受益人有血缘关系的子女及子女的后代，增补后一顺位受益人须同时提交申请增补的后一顺位受益人为生效受益人子女及子女的后代的亲属关系证明材料。 另外，信托存续期间，委托人、生效受益人均可通过提交《受益人顺位变更申请函》向受托人申请减少与生效受益人对应的后一顺位受益人。 后一顺位受益人享有的信托受益权份额根据委托人或前一顺位受益人向受托人提交的受益人顺位变更申请进行确定，若委托人或前一顺位受益人未明确后一顺位受益人享有的信托受益权份额，则后一顺位受益人平均享有前一顺位受益人的信托受益权份额。后一顺位受益人享有的信托受益权份额总和不超过前一顺位受益人享有的信托受益权份额。

3	受益人顺位变更	若信托出现无受益人的情形，且委托人已身故或发生"特殊情形"，则由委托人和受益人的紧急联系人或亲属告知受托人，受托人知晓此情况后 90 日内，与生效受益人有血缘关系的子女及子女的后代可向受托人提交受益人变更申请及相关证明材料向受托人申请将其本人增补为生效受益人。届时，各增补受益人享有的信托受益权比例均等，且分配方案与增补前最后一名受益人的分配方案保持一致。委托人或受益人需告知与生效受益人有血缘关系的子女及子女的后代其享有该等权利。 若信托出现无受益人的情形，且委托人已身故或发生"特殊情形"，且在受托人知晓此情况后 90 日内，无人提交受益人增补申请，则受托人有权选择终止本家族信托。

信托终止的特殊约定

信托合同因第 17.1.1 款至第 17.1.7 款、第 17.1.10 款、第 17.1.11 款和第 17.1.13 款约定的终止事由发生而导致信托终止的，信托终止后经清算的剩余信托财产按照如下约定执行：

1. 信托终止时，若有受益人，货币形态的信托财产由受托人按照各受益人【信托利益账簿剩余金额的比例】返还各受益人。可分割的非货币形态的信托财产由受托人按照各受益人【信托利益账簿剩余金额的比例】返还各受益人。无法分割但可变现的非货币形态的信托财产，由受托人根据投资代表的指令变现后，按照各受益人【信托利益账簿剩余金额的比例】返还各受益人。无法分割且无法变现的非货币形态的信托财产，受托人以届时信托财产现状按照如下方式进行分配，由委托人决定上述财产归属。如委托人发生特殊情形的，则由届时的未发生特殊情形的全体生效受益人协商确定上述财产归属。如信托终止之日起 90 日内委托人未作出决定或者全体未发生特殊情形的生效受益人未形成一致意见，则上述信托财产由受托人自主决策用于公益目的。在公益目的下，如何使用由受托人全权决定。受托人用于公益目的后，如有相关人员申请分配的均不予受理。受托人按照上述规则进行信托财产的处置和分配，将被视为受托人尽职履责的表现，不承担任何赔偿或补偿责任。

2. 信托终止时，若无受益人，信托终止后经清算的剩余信托财产，归属于委托人。若届时委托人已身故，则视为最后一名受益人的遗产，按照法定或遗嘱继承。继承人应向受托人提供继承公证文书或者具有法律效力的司法文书。最后一名受益人是指按照时间先后顺序，最后身故或放弃或被取消信托受益权的受益人，若多名上述受益人在同一事件中身故且不能确定身故先后时间的，推定年龄大的受益人先身故。信托终止后 90 日内，若无人向受托人出具继承公证文书或司法文书，要求办理财产移交手续，则剩余信托财产则由受托人自主决策用于公益目的。在公益目的下，如何使用由受托人全权决定。受托人用于公益目的后，如有相关人员申请分配的均不予受理。受托人按照上述规则进行信托财产的处置和分配，将被视为受托人尽职履责的表现，不承担任何赔偿或补偿责任。

附表2　《信托分配计划变更申请函》（参考样本）

（特别提示：为保证申请效率，申请人须在提交本函之前与受托人就变更内容进行充分沟通）

信托分配计划变更申请函[①]

编号:【　　】

本次变更后，本信托项下"信托分配计划"如下：

受益人 X		
受益人 X	个人姓名	
	证件类型和号码	
	顺位安排	
	信托受益权初始比例 / 剩余信托财产份额比例	
	联系地址	
	联系电话	
	电子邮箱	
	与委托人的关系	□父 / 母亲；□本人；□配偶；□父子 / 女；□母子 / 女；□祖孙子 / 女；□外祖孙 / 女；□其他＿＿＿＿
分配 账户	开户银行	
	银行账（卡）号	
紧急 联系 人	姓名	
	联系地址	
	电子邮箱	手机
定期 分配 规则	规则内容：	
	金额及频次限制：	
	特别约定：	

---

① 本函涉及金额填写的，均需大写。范例：壹、贰、叁、肆、伍、陆、柒、捌、玖、拾。

受益人 X		
条件 分配 规则	规则内容：	
	金额及频次限制：	
	特别约定：	
临时 分配 规则	规则内容：	
	金额及频次限制：	
	特别约定：	
信托终止的特殊约定：		

　　本函自委托人与受托人妥善签署后生效。自本函生效之日起，本函所列"信托分配计划"，全面取代／替代本函生效日之前的"信托分配计划"。

　　委托人进一步声明并承诺：本函所列受益人及其未来可能自本信托项下获得信托利益的事实，均不会违反所适用法律法规的强制性规定，包括但不限于有关反洗钱的相关规定。

　　除上下文另有约定外，本函使用的词语和表述与《×××××××××××××××家族信托合同》第一条定义与解释中的相同词语和表述具有相同涵义。

　　委托人（签字）：＿＿＿＿＿＿＿＿＿＿＿＿

　　日期：　　年　　月　　日

回执

致：尊敬的【　　　】先生／女士：

　　您于向我司发出的编号为【　　　】的《××××××××××××××家族信托合同之信托分配计划变更申请函》，我司经审核后，同意您按照上述申请内容来变更信托要素。

　　特此签收。

　　受托人（预留印鉴）：

　　日期：　　年　　月　　日

附表 3 《受益人顺位变更申请函》（参考样本）

（特别提示：为保证申请效率，申请人须在提交本函之前与受托人就变更内容进行充分沟通）

受益人顺位变更申请函[②]

编号:【 】

增补受益人的个人信息、信托利益分配规则等见本申请函以下部分：

受益人 X（根据所对应的前一顺位受益人，填写 A-1 或 B-1）			
受益人 X	个人姓名		
	证件类型和号码		
	顺位安排		
	信托受益权初始比例 / 剩余信托财产份额比例		
	联系地址		
	联系电话		
	电子邮箱		
	与委托人关系		
分配账户	开户银行		
	银行账（卡）号		
紧急联系人	个人姓名		
	联系地址		
	电子邮箱		手机	
定期分配规则	规则内容：		
	金额及频次限制：		
	特别约定：		
条件分配规则	规则内容：		
	金额及频次限制：		
	特别约定：		

---

② 本函涉及金额填写的，均需大写。范例：壹、贰、叁、肆、伍、陆、柒、捌、玖、拾。

受益人 X（根据所对应的前一顺位受益人，填写 A-1 或 B-1）	
临时分配规则	规则内容：
	金额及频次限制：
	特别约定：
信托终止的特殊约定：	

本人已按照《信托合同》相关约定向受托人提供增补受益人与□委托人／□受益人【　　　】的亲属关系证明材料。增补受益人符合《信托合同》中对于受益人增补范围的要求，本人承诺，将就《信托合同》条款中有关受益人权利、义务的相关约定告知增补受益人。

申请人进一步声明并承诺：计划增减受益人及其未来可能自本信托项下获得信托利益的事实，均不会违反所适用法律法规的强制性规定，包括但不限于有关反洗钱的相关规定。

除上下文另有约定外，本函使用的词语和表述与《×××××××××××××家族信托合同》第一条定义与解释中的相同词语和表述具有相同涵义。

申请人（签字）：_____

签署日期：　　年　　月　　日

回执

尊敬的委托人／受益人：

根据您向我司发出的编号为【　　　】的《××××××××××××××家族信托合同之受益人顺位变更申请函》约定，经我司审核后，同意您按照上述申请内容来变更信托要素。

特此签收。

受托人（预留印鉴）：

签署日期：　　年　　月　　日

附表 4 《信托利益分配申请函》（参考样本）

信托利益分配申请函

致：×× 信托有限责任公司

鉴于本人为 ×××××××××××××× 家族信托（以下简称"信托"）的□委托人□受益人□合同指定相关方，根据该信托文件的约定，本人向受托人申请信托利益分配，请划款至受益人在贵司预留的信托分配账户中。

此次分配的事由：【　　　　】

随附下列文件供审核：【　　　　】

本人此次申请分配的信托资金请按照下表所示划入相应受益人的收益账户：

受益人姓名：【　　　　】

受益人身份证号码：【　　　　　】

分配金额为：人民币【　　】元（人民币大写：【　　】）。

户名：＿＿＿＿＿＿＿＿＿＿＿＿＿＿＿＿

账号：＿＿＿＿＿＿＿＿＿＿＿＿＿＿＿＿

开户行：＿＿＿＿＿＿＿＿＿＿＿＿＿＿＿

本人在此确认：若受托人需要，本人可补充提供相关资料或就相关资料予以进一步的说明。若本人未能依据受托人要求提供资料、文件及凭证的，受托人有权拒绝本函所载明的信托利益分配。

若信托财产扣除应付未付信托税费后资金余额不足以支付分配金额时，本人同意延期至资金余额足以支付时支付，若信托财产全部变现，扣除应付未付信托税费后尚不足支付的，将触发信托终止事由，按照信托终止的相关约定进行剩余信托财产分配。

除上下文另有约定外，此处使用的词语和表述与《中诚信托·诚泽·恒天睿信353家族信托合同》第一条定义与解释中的相同词语和表述具有相同涵义。

申请人（签字）：

签署日期：　　年　　月　　日

回执

尊敬的委托人／受益人：

根据您于【　　】年【　　】月【　　】日向我司发出的《×××××××××××× 家族信托合同之信托利益分配申请函》，经我司形式审核后，已按照上述申请于【　　】年【　　】月【　　】日完成分配。

特此签收。

受托人（预留印鉴）：

签署日期：　　年　　月　　日